HMH

expresiones en matemáticas

Dra. Karen C. Fuson

Haz la tarea y recuerda

Grado 4

Volumen 2

This material is based upon work supported by the
National Science Foundation
under Grant Numbers
ESI-9816320, REC-9806020, and RED-935373.

Any opinions, findings, and conclusions, or recommendations expressed in this material are those of the author and do not necessarily reflect the views of the National Science Foundation.

HMH

Printed in the U.S.A.

ISBN 978-1-328-52037-1

4 5 6 7 8 MP 27 26 25 24

4500883841 A B C D E F G

5-1
Haz la tarea

Nombre ______________________ Fecha ______________

Escribe cada medida en milímetros (mm). Redondea la medida al centímetro (cm) más cercano.

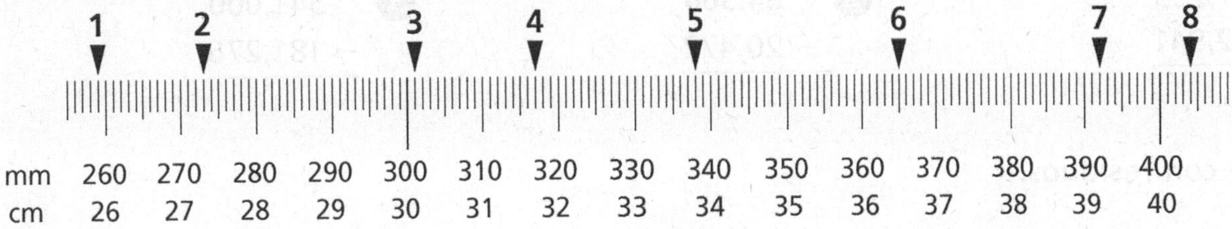

1. ______ mm se redondea a ______ cm
2. ______ mm se redondea a ______ cm
3. ______ mm se redondea a ______ cm
4. ______ mm se redondea a ______ cm
5. ______ mm se redondea a ______ cm
6. ______ mm se redondea a ______ cm
7. ______ mm se redondea a ______ cm
8. ______ mm se redondea a ______ cm

Escribe un enunciado numérico para responder cada pregunta.

9. ¿Cuántos metros equivalen a 7 kilómetros?

____

10. ¿Cuántos centímetros equivalen a 4 metros?

____

11. ¿Cuántos milímetros equivalen a 15 centímetros?

____

12. ¿Cuántos milímetros equivalen a 12 metros?

____

13. ¿Cuántos centímetros equivalen a 2 kilómetros?

____

Resuelve.

Muestra tu trabajo.

14. Chester tiene una cinta de 2 metros de largo. Quiere cortarla en 5 piezas iguales. ¿Cuántos centímetros de largo medirá cada pieza?

____

____

5-1 Recuerda

Nombre ______________________ Fecha ______________

Suma o resta.

1. $\begin{array}{r} 7{,}295 \\ +\ 2{,}941 \\ \hline \end{array}$

2. $\begin{array}{r} 84{,}366 \\ -\ 20{,}472 \\ \hline \end{array}$

3. $\begin{array}{r} 541{,}000 \\ -\ 181{,}276 \\ \hline \end{array}$

Divide con residuos.

4. $4\overline{)31}$

5. $6\overline{)44}$

6. $9\overline{)32}$

Evalúa.

7. $t = 5$

   $(9 + t) \div 2$

   ______

8. $k = 25$

   $k \div (10 \div 2)$

   ______

9. $p = 3$

   $(6 + p) \times (15 - 11)$

   ______

10. $g = 2$

    $(g \div 2) \times 8$

    ______

11. $r = 5$

    $(15 - r) \times (9 - 3)$

    ______

12. $x = 1$

    $(2 \times 8) \div (4 \div x)$

    ______

13. **Amplía tu razonamiento** Kyle dice que el número es mayor cuando se mide un objeto en centímetros que en milímetros. ¿Es esto correcto? Explica.

____

____

____

5-2
Haz la tarea

Nombre ______________________ Fecha ______________

Completa.

1. ¿Cuántos mililitros equivalen a 3 L?

____

2. ¿Cuántos mililitros equivalen a 35 L?

____

3. ¿Cuántos gramos equivalen a 40 kg?

____

4. ¿Cuántos gramos hay en 5,000 kg?

____

Resuelve.

Muestra tu trabajo.

5. Cada mañana para el desayuno, Mika bebe 20 cL de jugo de naranja. ¿Cuántos mililitros de jugo de naranja bebe cada día?

____

6. El cachorrito de Angie pesaba 3 kg cuando lo adquirió. Dos años después, pesaba 9 kg. ¿Cuántos gramos aumentó el cachorrito?

____

7. Escribe y resuelve dos problemas: Uno en el que haya que convertir unidades de volumen líquido y otro en el que haya que convertir unidades de masa.

Nombre ____________________ Fecha ____________

Resuelve. Usa el método de valor posicional por secciones y el método de notación desarrollada para dividir.

1. Una máquina expendedora de golosinas contiene 5,696 caramelos. Con cada moneda de 25¢, un cliente recibe 8 caramelos. ¿Cuántos clientes pueden usar la máquina expendedora de golosinas antes de haya que rellenarla?

$8\overline{)5,696}$

____

	___00 +	___0 +	___ = ___
8	5,696		

Escribe una ecuación para resolver el problema. Si es necesario, dibuja un modelo.

2. Un día en la biblioteca se prestaron 1,742 libros en la mañana. En la tarde se prestaron unos libros más. En total, ese día se prestaron 2,563 libros. ¿Cuántos libros se prestaron esa tarde de la biblioteca?

____

____

Escribe un enunciado numérico para responder la pregunta.

3. ¿Cuántos centímetros equivalen a 6 metros?

____

4. **Amplía tu razonamiento** Completa la recta numérica doble.

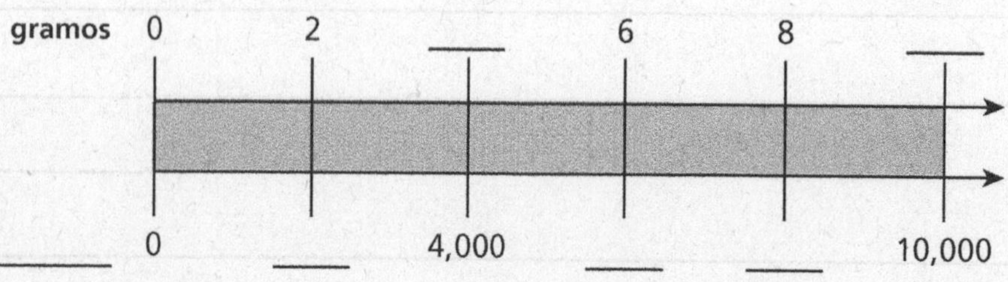

5-3
Haz la tarea

Nombre ______________________ Fecha ______________

Convierte cada medida.

1. 45 min = ______________ s
2. 2 h = ______________ min
3. 3 años = ______________ semanas
4. 1 día = ______________ min
5. 6 semanas = ______________ días
6. 18 días = ______________ horas

Completa el diagrama de puntos. Responde las preguntas usando el diagrama de puntos.

7. Melissa les preguntó a sus compañeros de clase cuánto tiempo dedicaban por día a hacer ejercicio. La tabla muestra los datos que recolectó Melissa. Completa el diagrama de puntos usando los datos de la tabla.

Tiempo	Número
0 hora	0
$\frac{1}{4}$ de hora	4
$\frac{1}{2}$ hora	3
$\frac{3}{4}$ de hora	6
1 hora	2

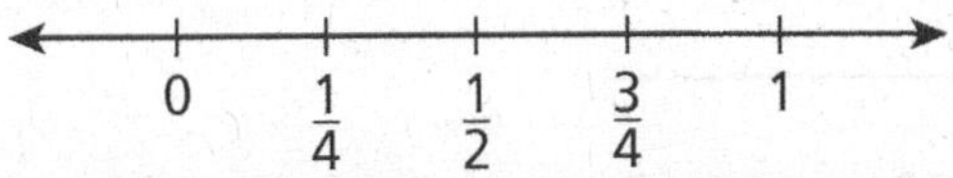

Tiempo que ejercitan (en horas)

a. ¿Cuántos estudiantes más hicieron ejercicio por $\frac{3}{4}$ de hora que por $\frac{1}{4}$ de hora? __________

b. ¿A cuántos estudiantes les preguntó Melissa el tiempo que hacían ejercicio? __________

Resuelve.

8. Donald toma el autobús al trabajo. El recorrido del autobús dura 37 minutos. Donald se sube al autobús a las 7:22. ¿A qué hora se baja Donald del autobús?

____

9. Kinesha comenzó a hacer su tarea a las 6:15. Terminó a las 7:32. ¿Cuánto tiempo se demoró Kinesha en hacer su tarea?

____

5-3
Recuerda

Nombre ______________________ Fecha ______________

Resuelve. Usa el método de valor posicional por secciones y el método de notación desarrollada para dividir.

❶ ____00 + ____0 + ____ = ____

5	1,895		

$5\overline{)1{,}895}$

Resuelve cada ecuación.

❷ $180 \div m = 3$

$m =$ ______

❸ $r \times 9 = 108$

$r =$ ______

❹ $350 \div 7 = p$

$p =$ ______

Completa.

❺ ¿Cuántos gramos equivalen a 8 kilogramos?

____

❻ ¿Cuántos mililitros equivalen a 14 centilitros?

____

❼ ¿Cuántos miligramos equivalen a 200 gramos?

____

Resuelve.

Muestra tu trabajo.

❽ Una caja llena de clips pesa 150 gramos. Se usan algunos clips de la caja y ahora esta pesa 138 gramos. ¿Cuántos miligramos más liviana es la caja?

____

❾ **Amplía tu razonamiento** Cassie y su familia van a un restaurante a cenar. Se van de su casa a las 5:25 y llegan al restaurante a las 5:53. Se van del restaurante a las 7:09. ¿Cuánto tiempo demora la familia en llegar al restaurante? ¿Cuántos minutos pasan desde el momento en que salen de su casa hasta que llegan al restaurante?

____

Nombre ______________________ Fecha ______________

Completa las tablas.

1

Yardas	Pulgadas
3	
6	
9	
12	

2

Millas	Pies
2	
3	
4	
5	

Resuelve.

3 4 pies = ____________ pulg

4 3 millas = ____________ yardas

5 11 yd = ____________ pies

6 26 pies = ____________ pulg

Escribe la medida del segmento de recta al $\frac{1}{8}$ de pulgada más cercana.

7

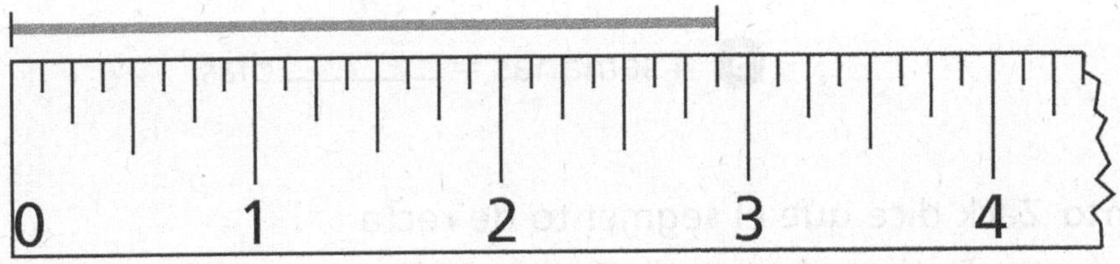

____

Resuelve.

8 Explica qué está mal en la regla que se muestra a continuación.

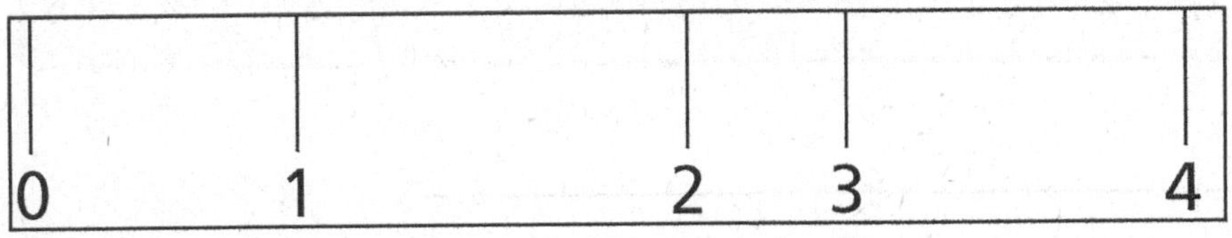

____

____

____

5-4
Recuerda

Nombre ______________________ Fecha ______________

Divide.

❶ $6\overline{)582}$ ❷ $5\overline{)4,961}$ ❸ $7\overline{)6,334}$

Resuelve el problema de comparación.

❹ Michael ganó $265 al cuidar las mascotas de sus vecinos durante el verano. Esta fue 5 veces la cantidad que hizo el verano pasado. ¿Cuánto dinero hizo Michael el verano pasado cuidando mascotas?

____

Convierte cada medida.

❺ 9 días = _______ h

❻ 14 min = _______ s

❼ 6 h = _______ min

❽ 4 semanas = _______ días

❾ **Amplía tu razonamiento** Zack dice que el segmento de recta mide $3\frac{7}{10}$ pulgadas de largo. Explica el error de Zack. ¿Cuál es la medida correcta del segmento de recta?

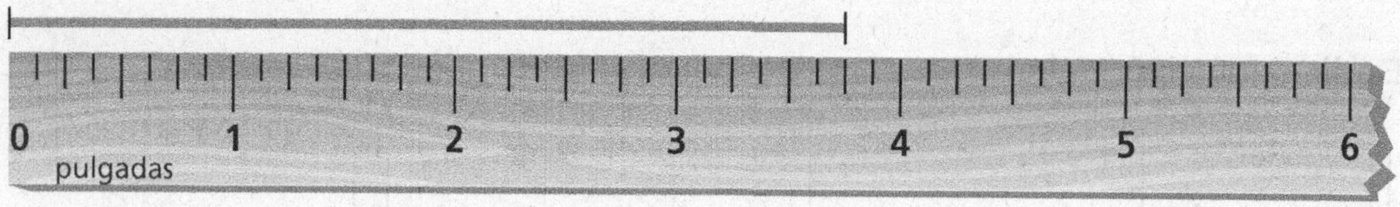

____

____

____

____

____

5-5
Haz la tarea

Nombre ______________________ Fecha ______________

Resuelve.

Muestra tu trabajo.

1. Una coneja dio a luz 6 bebés. Cada bebé pesó 4 onzas. ¿Cuántas onzas pesaron los bebés en total?

 ____

2. Una sandía pesa 128 onzas. Otra pesa 112 onzas. ¿Qué sandía es más pesada? ¿Por cuántas onzas?

 ____

3. Una caja de cereal pesa 21 onzas. ¿Pesa más o menos que 1 libra? ¿Cuánto más o menos?

 ____

4. Mark tenía 3 cuartos de leche. ¿Cuántas pintas de leche tenía Mark?

 ____

5. La mamá de Trevon compró 3 galones de jugo de fruta en la tienda. ¿Cuántas onzas líquidas de jugo de fruta compró la mamá de Trevon?

 ____

6. Marinda preparó una bebida que contenía 2 pintas de juego de manzana, 3 pintas de jugo de uva y 2 pintas de jugo de arándanos. ¿Cuántas pintas de jugo preparó Marinda?

 ____

5-5 Recuerda

Nombre ____________________ Fecha ________

Resuelve usando cualquier método.

1. $7\overline{)643}$

2. $2\overline{)5{,}698}$

3. $4\overline{)8{,}913}$

Escribe y resuelve una ecuación para resolver cada problema. Cuando sea necesario, dibuja barras de comparación. *Muestra tu trabajo.*

4. Chris nadó 94 largos en la piscina para recaudar fondos. Esto es el doble del número de largos que esperaba que podría nadar. ¿Cuántos largos esperaba nadar Chris?

____

5. Jackie bebió 60 onzas de agua hoy, que fue 2 veces más onzas que las que bebió ayer. ¿Cuánta agua bebió Jackie ayer?

____

Completa las tablas.

6.

Pies	Pulgadas
2	
4	
5	
8	

7.

Millas	Yardas
3	
4	
8	
10	

8. **Amplía tu razonamiento** Kai necesita verter 2 galones de agua en su pecera. Todo lo que tiene es una taza de medir. ¿Cuántas tazas de agua debe poner en la pecera? Explica.

____

____

____

5-6
Haz la tarea

Nombre ______________________ Fecha ____________

Halla el área y el perímetro de rectángulos con la longitud y el ancho que se muestran.

1 $l = 5$ unidades	**2** $l = 8$ unidades	**3** $l = 7$ unidades	**4** $l = 4$ unidades
$a = 6$ unidades	$a = 4$ unidades	$a = 5$ unidades	$a = 7$ unidades
$A =$ ________	$A =$ ________	$A =$ ________	$A =$ ________
$P =$ ________	$P =$ ________	$P =$ ________	$P =$ ________

5 **Nivel avanzado** Usando solo números enteros, haz tantos rectángulos distintos como puedas que tengan la misma área o el mismo perímetro que los rectángulos de los ejercicios 1 a 4.

Resuelve cada problema. Muestra la fórmula que usaste para hallar la respuesta.

Muestra tu trabajo.

6 Enzo construye un área para encerrar perros que mide 10 pies por 9 pies. ¿Cuántos pies de valla necesita para cercar el área?

____

7 Una hoja de cartulina mide 9 pulgadas de largo y 11 pulgadas de ancho. ¿Cuántos cuadrados de 1 pulgada puede recortar Dwayne de una hoja de cartulina?

____

8 Mieko tiene una alfombra que mide 6 pies de largo y 8 pies de ancho. Su habitación mide 9 pies en cada dirección. ¿Cabrá la alfombra en su habitación? ¿Cómo lo sabes?

____

____

____

5-6
Recuerda

Nombre ____________ Fecha ____________

Suma o resta.

1. 7,382
 − 2,990

2. 47,291
 − 3,845

3. 573,019
 + 32,485

Usa una ecuación para resolver.

4. Una tienda paga $715 por un envío de 38 juegos de mesa para aprovisionar sus estantes. Cada juego de mesa se vende a $24. ¿Qué ganancia obtiene la tienda con la venta de estos juegos de mesa?

Muestra tu trabajo.

Resuelve.

5. Un jardín de niños usa 4 galones de leche por día. ¿Cuántas onzas líquidas de leche usa el jardín de niños en un día?

6. **Amplía tu razonamiento** Un baño tiene una longitud de 10 pies y un ancho de 9 pies. Kade quiere colocar baldosas en el piso que miden 1 pie cuadrado cada una. Luego quiere poner un zócalo a lo largo de los bordes donde se unen las paredes y el piso. ¿Cuántas baldosas necesita Kade? ¿Cuánto zócalo necesita? Muestra tu trabajo.

5-7
Haz la tarea

Nombre ________________ Fecha ________

Resuelve. *Muestra tu trabajo.*

1. Barbara tiene una alfombrilla rectangular para el ratón de la computadora. El lado más largo de la alfombrilla mide 8 pulgadas y el más corto mide 3 pulgadas. ¿Cuál es el perímetro y el área de la alfombrilla?

____

2. Yeasmin tiene una taza con 27 mililitros de leche. Vierte otros 34 mililitros de leche en la taza. Luego bebe 14 mililitros de leche. ¿Cuánta leche queda en la taza?

____

3. El perro de John pesó 7 libras cuando lo adoptó. El peso del perro se triplicó cada año durante dos años. ¿Cuántas onzas pesa ahora el perro de John?

____

4. El área de un salón con forma rectangular era de 240 pies cuadrados. El lado más largo de la habitación medía 20 pies. ¿Cuál es la longitud del lado menor de la habitación?

____

5. Una toronja tiene una masa de 100 gramos. Una sandía tiene una masa 4 veces mayor que la toronja. ¿Cuál es la masa de la sandía, en centigramos?

____

6. Hannah corrió 200 yardas durante el receso. Juanita corrió 340 yardas durante el receso. En pies, ¿cuánto más lejos corrió Juanita que Hannah?

____

7. El perímetro del edificio con forma rectangular es de 960 pies. El lado más corto del edificio mide 150 pies. ¿Cuál es la longitud de uno de los lados más largos del edificio?

____

Nombre ______________________ Fecha ______________

Resuelve usando cualquier método. Luego comprueba tu respuesta redondeando y estimando.

1. $6\overline{)49}$
2. $4\overline{)502}$
3. $6\overline{)3{,}781}$

Usa una ecuación para resolver.

4. Sydney hornea mini panecillos para una venta de pasteles. Hornea 4 bandejas que contienen 12 panecillos cada una y tres bandejas que contienen 18 panecillos cada una. ¿Cuántos panecillos hornea Sydney?

____

Halla el área y el perímetro para rectángulos con las longitudes y los anchos que se muestran.

5. $l = 8$ unidades
   $a = 7$ unidades
   $A =$ ______
   $P =$ ______
6. $l = 2$ unidades
   $a = 14$ unidades
   $A =$ ______
   $P =$ ______
7. $l = 12$ unidades
   $a = 3$ unidades
   $A =$ ______
   $P =$ ______

8. **Amplía tu razonamiento** La señorita Carpse escribe el siguiente problema en el pizarrón. *Se corta una cinta de 20 pies de largo en 4 pedazos iguales. ¿Cuántas pulgadas de largo mide cada pedazo de cinta?* Ashe dice que primero se debe dividir 20 pies entre 4, luego convertir a pulgadas. Wesley dice que primero se debe convertir 20 pies a pulgadas, luego dividir entre 4. Explica de qué manera ambos estudiantes están en lo cierto.

____

____

____

____

____

5-8
Haz la tarea

Nombre ______________________ Fecha ______________

Resuelve.

Muestra tu trabajo.

1. Yonni tiene una pecera de 5 galones. Debe cambiar el agua de la pecera. ¿Cuántas tazas de agua necesitará Yonni para remplazar toda el agua de la pecera?

____

2. Barry construye una cerca alrededor de su patio. El patio tiene forma de rectángulo y el lado más largo del patio mide 20 metros. La cerca tendrá un perímetro de 60 metros. ¿Cuántos metros de longitud tiene el lado corto del patio?

____

3. El perro de Yesi pesaba 5 libras cuando lo adoptó. Ahora pesa 45 libras. ¿Cuánto aumentó de peso el perro de Yesi, en onzas?

____

4. La familia de Fiona remplaza la alfombra de la sala. La sala tiene forma de cuadrado. La longitud de una pared es de 16 pies. ¿Cuántos pies cuadrados de alfombra debe comprar la familia de Fiona para remplazar la vieja alfombra?

____

5. Trevon dibujó los siguientes dos rectángulos. Quería saber la diferencia entre el área de los dos rectángulos. ¿Cuál es la diferencia entre las dos áreas?

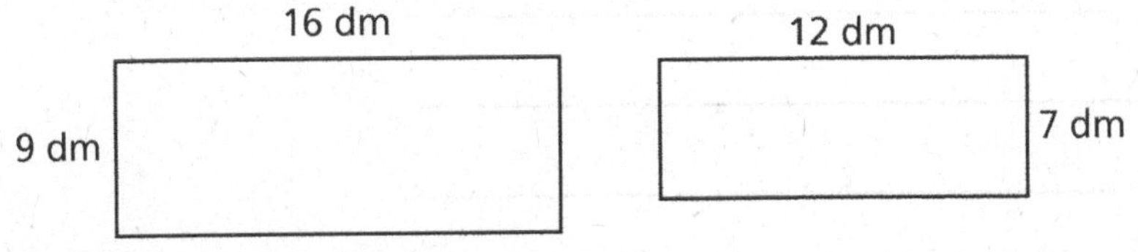

____

5-8
Recuerda

Nombre ____________________ Fecha ____________

Resuelve. Luego explica el significado del residuo.

1. Hay 43 estudiantes en un espectáculo musical. Cada fila del auditorio tiene 9 asientos. Si los estudiantes llenan los asientos fila por fila desde adelante hacia atrás, ¿cuántas personas hay en la última fila?

Escribe si cada número es *primo o compuesto.*

2. 49 ________

3. 31 ________

4. 17 ________

Resuelve. *Muestra tu trabajo.*

5. El perímetro de una estampilla es de 90 milímetros. El lado más largo de la estampilla mide 25 milímetros. ¿Cuál es la longitud del lado más corto?

6. **Amplía tu razonamiento** Las instrucciones para hacer limonada dicen que hay que colocar 2 tazas de concentrado líquido en 1 galón de agua. Si Olivia solo quiere hacer 1 pinta de limonada, ¿cuántas onzas líquidas del concentrado debe usar? Explica.

6-1
Haz la tarea

Nombre ______________________ Fecha ______________

Escribe cada fracción como suma de fracciones unitarias.

1. $\frac{2}{4} =$ ______________________
2. $\frac{5}{8} =$ ______________________
3. $\frac{2}{6} =$ ______________________
4. $\frac{7}{8} =$ ______________________
5. $\frac{4}{12} =$ ______________________
6. $\frac{6}{12} =$ ______________________
7. $\frac{8}{12} =$ ______________________
8. $\frac{4}{6} =$ ______________________

Nombra la fracción para cada suma de fracciones unitarias.

9. $\frac{1}{4} + \frac{1}{4} + \frac{1}{4} =$ ________
10. $\frac{1}{8} + \frac{1}{8} + \frac{1}{8} =$ ________
11. $\frac{1}{8} + \frac{1}{8} + \frac{1}{8} + \frac{1}{8} =$ ________
12. $\frac{1}{12} + \frac{1}{12} + \frac{1}{12} + \frac{1}{12} + \frac{1}{12} + \frac{1}{12} + \frac{1}{12} =$ ________
13. $\frac{1}{12} + \frac{1}{12} =$ ________
14. $\frac{1}{6} + \frac{1}{6} + \frac{1}{6} =$ ________
15. $\frac{1}{6} + \frac{1}{6} + \frac{1}{6} + \frac{1}{6} + \frac{1}{6} =$ ________
16. $\frac{1}{8} + \frac{1}{8} + \frac{1}{8} + \frac{1}{8} + \frac{1}{8} + \frac{1}{8} =$ ________

Escribe tres cosas que aprendiste hoy sobre las fracciones.

____

____

____

____

Nombre ____________________ Fecha

Resuelve usando cualquier método y muestra tu trabajo. Revisa tu trabajo con una estimación.

1. 2×87 ______

2. 35×64 ______

3. $\begin{array}{r} 336 \\ \times \ \ 8 \\ \hline \end{array}$

Resuelve usando cualquier método.

4. $5\overline{)481}$

5. $4\overline{)2,575}$

6. $7\overline{)3,855}$

Simplifica cada expresión.

7. $(7 - 3) \cdot 8 =$ ______

8. $(6 \times 3) \div (11 - 9) =$ ______

9. $9t - 3t =$ ______

10. $(12n - n) + 5n =$ ______

11. **Amplía tu razonamiento** Kia tiene un pedazo largo de cinta. Corta la cinta a la mitad, luego corta cada una de esas mitades por la mitad de nuevo. Dibuja la cinta cortada. Kia usa 3 los pedazos cortados para envolver ramos de flores. Escribe una suma de fracciones unitarias y el total para mostrar la cantidad de cinta que usó. ¿Qué fracción representa la cantidad que sobra?

____

____

____

6-2
Haz la tarea

Nombre ______________________ Fecha ______________

Nombra la fracción de la figura que está sombreada y la fracción de la figura que no está sombreada. Luego escribe una ecuación que muestre cómo las dos fracciones forman un entero.

1 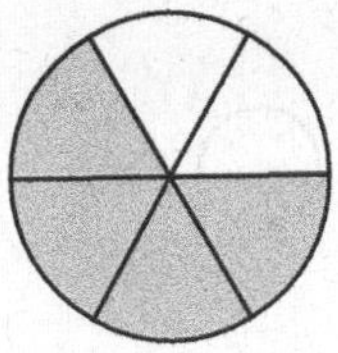

Sombreada: _______

No sombreada: _______

Ecuación: __________

2 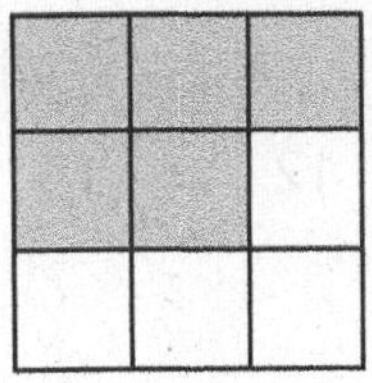

Sombreada: _______

No sombreada: _______

Ecuación: __________

3 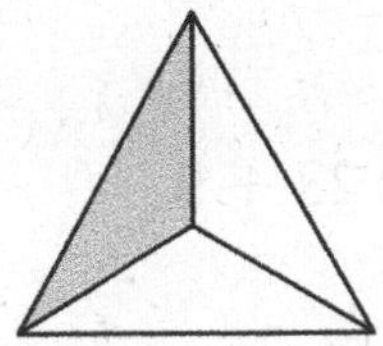

Sombreada: _______

No sombreada: _______

Ecuación: __________

Escribe la fracción que completará cada ecuación.

4 $1 = \frac{3}{3} = \frac{1}{3} +$ _______

5 $1 = \frac{8}{8} = \frac{3}{8} +$ _______

6 $1 = \frac{4}{4} = \frac{2}{4} +$ _______

7 $1 = \frac{10}{10} = \frac{7}{10} +$ _______

8 $1 = \frac{6}{6} = \frac{5}{6} +$ _______

9 $1 = \frac{9}{9} = \frac{8}{9} +$ _______

10 $1 = \frac{7}{7} = \frac{4}{7} +$ _______

11 $1 = \frac{12}{12} = \frac{9}{12} +$ _______

Resuelve.

Muestra tu trabajo.

12 Kim se bebió $\frac{1}{3}$ de un envase de leche. Joan se bebió $\frac{1}{4}$ de un envase de leche. ¿Quién bebió más leche?

____

____

13 Maria leyó $\frac{1}{8}$ de un cuento. Darren leyó $\frac{1}{7}$ del mismo cuento. ¿Quién leyó menos del cuento?

____

____

6-2
Recuerda

Nombre ____________________ Fecha ____________

Escribe = o ≠ para hacer que cada enunciado sea verdadero.

1. $25 + 25 \bigcirc 50$
2. $17 + 3 \bigcirc 30 - 10$
3. $9 + 8 \bigcirc 8 + 9$
4. $31 \bigcirc 23 + 9$
5. $3 + 1 + 12 \bigcirc 15$
6. $40 - 22 \bigcirc 18$

Resuelve cada ecuación.

7. $8 \div b = 2$

   $b =$ ________

8. $j \div 6 = 7$

   $j =$ ________

9. $k = 5 \times 3$

   $k =$ ________

10. $q \times 10 = 90$

    $q =$ ________

11. $12 \times r = 36$

    $r =$ ________

12. $a = 7 \times 8$

    $a =$ ________

Escribe cada fracción como suma de fracciones unitarias.

13. $\frac{4}{6} =$ ______________________________

14. $\frac{6}{8} =$ ______________________________

15. **Amplía tu razonamiento** Ambas Margaret y June hicieron un pastel de calabaza del mismo tamaño. Cada una cortó su pastel en trozos iguales. El pastel entero de Margaret se puede representar con la fracción $\frac{8}{8}$. El pastel entero de June se puede representar con la fracción $\frac{6}{6}$. ¿Qué diferencia a los dos pasteles? Si Margaret y June comen cada una 1 trozo de su propio pastel, ¿quién comerá más? Explica cómo lo sabes.

____

____

____

____

6-3
Haz la tarea

Nombre ____________________ Fecha ____________

Resuelve.

1. $\frac{4}{8} + \frac{2}{8} =$ ______
2. $\frac{3}{11} + \frac{6}{11} =$ ______
3. $\frac{3}{4} - \frac{2}{4} =$ ______
4. $\frac{3}{5} + \frac{4}{5} =$ ______
5. $\frac{2}{6} + \frac{1}{6} =$ ______
6. $\frac{6}{7} - \frac{2}{7} =$ ______
7. $\frac{5}{12} + \frac{4}{12} =$ ______
8. $\frac{9}{10} - \frac{3}{10} =$ ______
9. $\frac{8}{9} - \frac{4}{9} =$ ______

Resuelve. *Muestra tu trabajo.*

10. Sue conduce para ver a su mamá. El primer día viaja $\frac{2}{5}$ de la distancia. El día siguiente, viaja otros $\frac{2}{5}$ de la distancia. ¿Qué fracción de la distancia ha recorrido?

____

11. Cuando Keshawn le saca punta a su lápiz, pierde aproximadamente $\frac{1}{12}$ de longitud. Un día le sacó punta a su lápiz 3 veces. Al día siguiente le sacó punta al mismo lápiz 5 veces. ¿Qué fracción del lápiz perdió Keshawn?

____

12. Un día una florería vendió $\frac{7}{10}$ de sus rosas en la mañana y $\frac{2}{10}$ de sus rosas en la tarde. ¿Qué fracción de las rosas vendió la florería ese día?

____

13. La naranja de Bonnie se cortó en octavos. Bonnie se comió $\frac{3}{8}$ de la naranja y su amiga se comió $\frac{3}{8}$. ¿Se comieron toda la naranja? Explica.

____

14. Escribe y resuelve un problema de fracciones propio.

____

____

____

____

6-3
Recuerda

Nombre ____________________ Fecha ____________

Resuelve el problema de comparación.

1. Hay 108 carros estacionados frente a un edificio. Esto es 4 veces el número de carros que están estacionados detrás del edificio. ¿Cuántos carros están estacionados detrás del edificio?

____

Escribe un enunciado numérico para responder cada pregunta.

2. ¿Cuántos milímetros equivalen a 8 metros?

____

3. ¿Cuántos centímetros equivalen a 35 kilómetros?

____

4. ¿Cuántos metros equivalen a 72 kilómetros?

____

Nombra la fracción que completará cada ecuación.

5. $1 = \frac{6}{6} = \frac{4}{6} +$ ________

6. $1 = \frac{10}{10} = \frac{1}{10} +$ ________

7. $1 = \frac{3}{3} = \frac{2}{3} +$ ________

8. $1 = \frac{8}{8} = \frac{4}{8} +$ ________

9. **Amplía tu razonamiento** Lilly comenzó su mañana con un vaso de jugo que estaba $\frac{4}{5}$ lleno. Bebió $\frac{3}{5}$ del vaso y luego lo volvió a llenar parcialmente con otros $\frac{2}{5}$. A este punto, ¿qué tan lleno está el vaso de Lilly? Explica tu respuesta.

____

____

6-4
Haz la tarea

Nombre ____________________ Fecha ____________________

Escribe la fracción equivalente.

1. $6\frac{2}{5}$ = ________
2. $2\frac{3}{8}$ = ________
3. $4\frac{6}{7}$ = ________
4. $8\frac{1}{3}$ = ________
5. $3\frac{7}{10}$ = ________
6. $5\frac{5}{6}$ = ________
7. $7\frac{3}{4}$ = ________
8. $1\frac{4}{9}$ = ________

Escribe el número mixto equivalente.

9. $\frac{50}{7}$ = ________
10. $\frac{16}{10}$ = ________
11. $\frac{23}{4}$ = ________
12. $\frac{50}{5}$ = ________
13. $\frac{21}{8}$ = ________
14. $\frac{11}{3}$ = ________
15. $\frac{60}{9}$ = ________
16. $\frac{23}{5}$ = ________

Resuelve.

Muestra tu trabajo.

17. Castor trajo $6\frac{3}{4}$ pasteles de zanahoria pequeños para compartir con los 26 estudiantes de su clase. ¿Trajo Castor suficiente para que cada estudiante comiera $\frac{1}{4}$ de pastel? Explica tu razonamiento.

____

____

18. Claire cortó algunas manzanas en octavos. Ella y sus amigas comieron todo excepto 17 trozos. ¿Cuántas manzanas enteras y partes de manzanas sobraron? Menciona cómo lo sabes.

____

____

6-4 Recuerda

Nombre ______________________ Fecha ______

Escribe y resuelve una ecuación para resolver cada problema. Cuando sea necesario, dibuja barras de comparación. *Muestra tu trabajo.*

1. Brigitte acogió 14 perros este año, que son 5 menos que el año pasado. ¿Cuántos perros acogió Brigitte el año pasado?

   ____

2. Rema tiene dos trabajos. En un año, trabajó 276 horas en su primer trabajo. El mismo año, trabajó 3 veces el número de horas en su segundo trabajo. ¿Cuántas horas trabajó Rema ese año en su segundo trabajo?

   ____

Completa.

3. ¿Cuántos mililitros equivalen a 21 L? ________
4. ¿Cuántos miligramos equivalen a 9 g? ________
5. ¿Cuántos gramos equivalen a 400 kg? ________

Resuelve.

6. $\frac{3}{4} - \frac{1}{4} =$ ________
7. $\frac{2}{9} + \frac{3}{9} =$ ________
8. $\frac{7}{8} - \frac{1}{8} =$ ________

9. **Amplía tu razonamiento** Harrison dice que para convertir un número mixto a una fracción mayor que 1, piensa en esto del siguiente modo: $4\frac{2}{5} = \frac{5}{5} + \frac{5}{5} + \frac{5}{5} + \frac{5}{5} + \frac{2}{5} = \frac{22}{5}$. ¿Funciona su estrategia? Explica.

   ____

6-5
Haz la tarea

Nombre ____________________ Fecha ____________________

Suma.

1. $3\frac{2}{6} + 6\frac{3}{6}$

2. $8\frac{5}{10} + 9\frac{6}{10}$

3. $7\frac{3}{4} + 4\frac{2}{4}$

4. $1\frac{5}{9} + 5\frac{7}{9}$

5. $3\frac{2}{5} + 3\frac{3}{5}$

6. $1\frac{2}{8} + 2\frac{5}{8}$

Resta.

7. $7\frac{2}{3} - 3\frac{1}{3}$

8. $8\frac{2}{7} - 5\frac{5}{7}$

9. $6\frac{1}{4} - 2\frac{3}{4}$

10. $9\frac{1}{8} - 4\frac{5}{8}$

11. $9\frac{4}{6} - 4\frac{1}{6}$

12. $3\frac{1}{5} - 2\frac{3}{5}$

Suma o resta.

13. $\frac{1}{4} + \frac{7}{4} =$ ______

14. $\frac{3}{8} + \frac{6}{8} =$ ______

15. $\frac{9}{6} - \frac{8}{6} =$ ______

16. $\frac{5}{9} + \frac{6}{9} =$ ______

17. $\frac{9}{2} - \frac{6}{2} =$ ______

18. $\frac{5}{10} - \frac{2}{10} =$ ______

19. $\frac{2}{5} + \frac{4}{5} =$ ______

20. $\frac{8}{7} - \frac{3}{7} =$ ______

21. $\frac{7}{3} - \frac{2}{3} =$ ______

Nombre ______ Fecha ______

La gráfica muestra el número de millas que corrió Matt durante una semana de entrenamiento para una maratón. Usa la gráfica para los ejercicios 1 y 2.

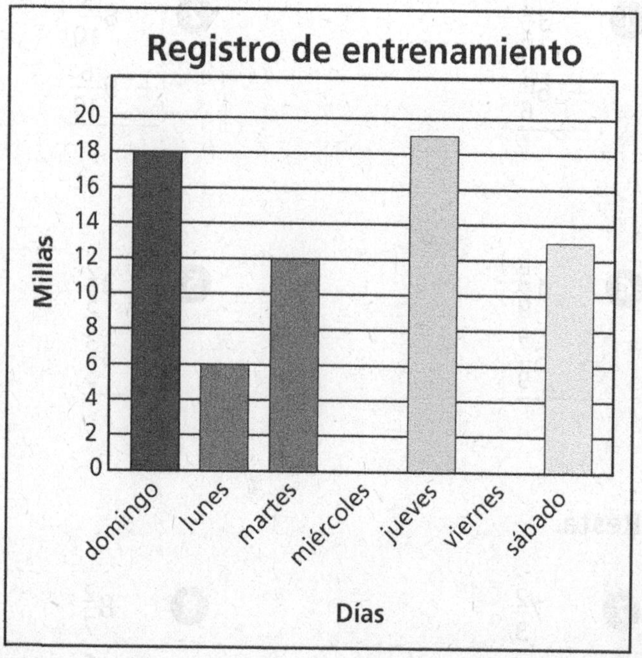

1. ¿En qué día corrió Matt 3 veces el número de millas que corrió el lunes?

______

2. Escribe una ecuación de suma y una ecuación de resta que compare el número de millas que corrió Matt el jueves (x) con el número de millas que corrió el martes (y).

______

Convierte cada medida.

3. 4 min = ______ s
4. 12 h = ______ min
5. 5 días = ______ h
6. 2 días = ______ min

Escribe el número mixto equivalente.

7. $\frac{9}{4}$ = ______
8. $\frac{12}{3}$ = ______
9. $\frac{63}{10}$ = ______
10. $\frac{11}{2}$ = ______
11. $\frac{14}{4}$ = ______
12. $\frac{15}{6}$ = ______

13. **Amplía tu razonamiento** Garrett cosechó $12\frac{7}{8}$ libras de duraznos. Elise cosechó $13\frac{3}{8}$ libras de duraznos. ¿Quién cosechó más duraznos? ¿Cuántos más? Explica.

______

______

______

______

6-6
Haz la tarea

Nombre ____________ Fecha ____________

Escribe cada número mixto como fracción.

1. $6\frac{5}{8}$ = ________
2. $2\frac{1}{4}$ = ________
3. $8\frac{3}{10}$ = ________
4. $4\frac{2}{6}$ = ________

Escribe cada fracción como número mixto.

5. $\frac{26}{3}$ = ________
6. $\frac{47}{7}$ = ________
7. $\frac{59}{7}$ = ________
8. $\frac{44}{5}$ = ________

Suma o resta.

9. $\frac{2}{3} + \frac{2}{3}$ = ________
10. $\frac{5}{7} - \frac{3}{7}$ = ________
11. $1\frac{3}{9} + \frac{7}{9}$ = ________
12. $\frac{3}{4} + 3\frac{3}{4}$ = ________
13. $2\frac{4}{15} - \frac{10}{15}$ = ________
14. $\frac{15}{20} - \frac{6}{20}$ = ________
15. $3\frac{3}{5} - 3\frac{1}{5}$ = ________
16. $1\frac{1}{6} + 2\frac{2}{6}$ = ________
17. $2\frac{7}{8} - 1\frac{2}{8}$ = ________

Resuelve.

Muestra tu trabajo.

18. Rashid hizo una hogaza de pan que requirió $3\frac{1}{3}$ tazas de harina. Combinó harina blanca con harina de trigo integral. Si usó $1\frac{2}{3}$ tazas de harina blanca, ¿cuánta harina de trigo integral usó?

____

19. Manuela dedicó $1\frac{3}{4}$ horas a escribir su informe sobre un libro. Katy dedicó $\frac{3}{4}$ de hora más que Manuela al informe de su libro. ¿Cuánto tiempo dedicó Katy a escribir su informe?

____

6-6 Recuerda

Nombre ______ Fecha ______

Suma o resta.

1. $\begin{array}{r} 23{,}546 \\ +\ 3{,}198 \\ \hline \end{array}$

2. $\begin{array}{r} 50{,}427 \\ -\ 27{,}152 \\ \hline \end{array}$

3. $\begin{array}{r} 850{,}000 \\ -\ 541{,}086 \\ \hline \end{array}$

Usa una ecuación para resolver.

Muestra tu trabajo.

4. Cada uno de los 2 gatos más viejos de Caroline recibe 7 onzas de alimento por día. Su gato más joven recibe 9 onzas de alimento por día. ¿Cuánto alimento da Caroline a sus gatos en total cada día?

______

5. Chad reparte de igual manera sus 84 carros de juguete entre sus 3 amigos y él. Luego dona 15 carros a una colección de juguetes usados. ¿Cuántos carros le quedan a Chad?

______

Suma.

6. $\begin{array}{r} 3\frac{4}{9} \\ +\ 5\frac{2}{9} \\ \hline \end{array}$

7. $\begin{array}{r} 7\frac{1}{5} \\ +\ 2\frac{2}{5} \\ \hline \end{array}$

8. $\begin{array}{r} 9\frac{7}{10} \\ +\ 8\frac{4}{10} \\ \hline \end{array}$

9. $\begin{array}{r} 5\frac{2}{7} \\ +\ 2\frac{1}{7} \\ \hline \end{array}$

10. **Amplía tu razonamiento** Chris pidió pizza para su familia en una empresa que corta sus pizzas en 8 porciones cada una. En la tabla de la derecha se muestra la fracción de pizza que come cada miembro de la familia. Si sobró menos que 1 pizza entera, ¿cuántas pizzas pidieron? ¿Qué fracción de una pizza sobró? Muestra tu trabajo.

______

______

______

Miembro de la familia	Fracción de pizza que comió
Chris	$\frac{3}{8}$
Stacy	$\frac{2}{8}$
Rylan	$\frac{4}{8}$
Alec	$\frac{5}{8}$
Kelli	$\frac{3}{8}$

6-7
Haz la tarea

Nombre _______________ Fecha _______________

Multiplica.

1. $3 \times \frac{1}{4} =$ ________
2. $5 \times \frac{1}{3} =$ ________
3. $4 \times \frac{1}{6} =$ ________
4. $7 \times \frac{1}{7} =$ ________
5. $2 \times \frac{1}{8} =$ ________
6. $3 \times \frac{1}{10} =$ ________
7. $2 \times \frac{3}{4} =$ ________
8. $12 \times \frac{2}{3} =$ ________
9. $12 \times \frac{5}{6} =$ ________
10. $3 \times \frac{2}{7} =$ ________
11. $24 \times \frac{5}{8} =$ ________
12. $8 \times \frac{3}{10} =$ ________
13. $20 \times \frac{3}{5} =$ ________
14. $9 \times \frac{5}{9} =$ ________
15. $10 \times \frac{7}{12} =$ ________

Resuelve. *Muestra tu trabajo.*

16. Cada día, Manuel come $\frac{1}{8}$ de melón como refrigerio. ¿Cuánto melón come en cinco días?

____

17. Shannen recolecta papel para reciclar. Recolecta $\frac{1}{3}$ de libra de papel cada semana. ¿Cuánto papel recolectará en 4 semanas?

____

18. Aisha desempaca cajas. Le toma $\frac{3}{4}$ de hora desempacar cada caja. ¿Cuánto tiempo le tomará desempacar 6 cajas?

____

19. La señora Suárez corta una pizza en 8 porciones iguales. Cada miembro de su familia comió 2 porciones. Si su familia tiene 3 miembros, ¿qué fracción de la pizza comieron en total?

____

20. Hailey teje una bufanda. Cada media hora agrega $\frac{3}{7}$ de pulgada a la longitud de la bufanda. ¿Qué longitud agregará a la bufanda en 6 horas?

____

6-7
Recuerda

Nombre ____________________ Fecha ____________

Usa una ecuación para resolver. *Muestra tu trabajo.*

1. Camille compró 2 pares de pantalones por $29 cada uno y una camisa por $18. Pagó con $80. ¿Cuánto recibió de cambio?

____

2. En un viaje, cuatro amigos gastan $212 en hoteles y $56 en comidas. ¿Cuánto dinero gastaron por persona?

____

Completa las tablas.

3.

Yardas	Pies
2	
5	
8	
10	

4.

Pies	Pulgadas
3	
4	
9	
12	

Suma o resta.

5. $\frac{9}{10} - \frac{3}{10} =$ ______

6. $\frac{2}{5} + \frac{4}{5} =$ ______

7. $2\frac{1}{8} + 5\frac{3}{8} =$ ______

8. $8\frac{6}{7} - 8\frac{2}{7} =$ ______

9. $4\frac{3}{6} + 1\frac{5}{6} =$ ______

10. $7\frac{1}{4} - 4\frac{3}{4} =$ ______

11. **Amplía tu razonamiento** Un gusano se desplaza hacia adelante $\frac{3}{8}$ de pulgada cada 5 minutos durante 1 hora y 25 minutos. ¿Qué distancia se desplaza el gusano en este tiempo? Explica.

____

____

6-8
Haz la tarea

Nombre ________________ Fecha ________

Dibuja un modelo para cada problema. Luego resuelve.

1 $4 \cdot \frac{1}{5} =$ ________

2 $7 \cdot \frac{1}{3} =$ ________

3 $2 \cdot \frac{3}{8} =$ ________

4 $5 \cdot \frac{3}{4} =$ ________

Multiplica.

5 $12 \cdot \frac{5}{6} =$ ________

6 $9 \cdot \frac{1}{2} =$ ________

7 $25 \cdot \frac{3}{7} =$ ________

8 $12 \cdot \frac{4}{5} =$ ________

9 $5 \cdot \frac{2}{12} =$ ________

10 $9 \cdot \frac{2}{3} =$ ________

Escribe una ecuación. Luego resuelve.

Muestra tu trabajo.

11 El zapato de Cal mide $\frac{3}{4}$ de pie de largo. Usó su zapato para medir su habitación y halló que medía 15 zapatos de largo. ¿Cuál es la longitud de la habitación de Cal en pies?

____

12 El comedor de un campamento de verano da a cada campista $\frac{2}{3}$ de taza de jugo en el desayuno. Esta mañana 50 campistas tomaron jugo en el desayuno. ¿Cuánto jugo sirvió la cafetería en total?

____

Nombre ______________________ Fecha ______________

Resuelve cada problema.

1. $24 \div 8 + 9 = h$ ____________

2. $(14 \div 2) - (3 \times 2) = l$ ____________

3. $20 - (5 \times 4) = p$ ____________

4. $(2 \times 9) + 9 = g$ ____________

5. $(3 + 7) \times (2 + 4) = m$ ____________

6. $(9 \div 3) + (5 - 4) = t$ ____________

Resuelve.

Muestra tu trabajo.

7. Un bebé pesa 7 libras y 2 onzas cuando nace. ¿Cuántas onzas pesa el bebé?

____

8. Jack compró 2 cuartos de aceite de motor. Su auto usó 1 cuarto y otro medio cuarto. ¿Cuántas tazas de aceite le quedan?

____

Multiplica.

9. $6 \times \frac{1}{7} =$ ________

10. $5 \times \frac{3}{8} =$ ________

11. $2 \times \frac{9}{10} =$ ________

12. $8 \times \frac{3}{4} =$ ________

13. $3 \times \frac{1}{3} =$ ________

14. $15 \times \frac{3}{11} =$ ________

15. **Amplía tu razonamiento** Escribe un problema usando el número entero 4 y la fracción $\frac{3}{8}$. Luego resuelve tu problema.

____

____

____

6-9
Haz la tarea

Nombre ______________________ Fecha ______________

Suma o resta.

1. $2\frac{2}{3} + 4\frac{1}{3}$

2. $9\frac{7}{9} - 4\frac{5}{9}$

3. $5\frac{4}{5} + 7\frac{3}{5}$

4. $8 - 1\frac{1}{6}$

5. $18\frac{5}{8} + 12\frac{7}{8}$

6. $10\frac{1}{4} - 3\frac{3}{4}$

Multiplica. Cuando sea posible, escribe tu respuesta como número mixto o número entero.

7. $5 \cdot \frac{1}{5} =$ ________

8. $5 \cdot \frac{4}{7} =$ ________

9. $20 \cdot \frac{3}{10} =$ ________

10. $8 \cdot \frac{1}{6} =$ ________

11. $9 \cdot \frac{7}{12} =$ ________

12. $2 \cdot \frac{4}{9} =$ ________

Escribe una ecuación. Luego resuelve. *Muestra tu trabajo.*

13. En el pícnic del club de ciencias, se servirán $\frac{2}{3}$ de taza de ensalada de papas a cada estudiante. Si 20 estudiantes asisten al pícnic, ¿cuánta ensalada de papas necesitarán?

____

14. Skye dedicó $4\frac{2}{6}$ horas a leer el fin de semana. Si leyó $1\frac{5}{6}$ horas el sábado, ¿cuánto tiempo leyó el domingo?

____

6-9
Recuerda

Nombre ____________ Fecha ____________

Indica si 3 es factor de cada número. Escribe *sí* o *no*.

1. 12 ________
2. 14 ________
3. 38 ________
4. 51 ________

Indica si cada número es múltiplo de 6. Escribe *sí* o *no*.

5. 46 ________
6. 54 ________
7. 21 ________
8. 30 ________

Halla el área y el perímetro de rectángulos con las longitudes y los anchos que se muestran.

9. l = 7 unidades
   a = 8 unidades
   A = ________
   P = ________

10. l = 2 unidades
    a = 4 unidades
    A = ________
    P = ________

11. l = 7 unidades
    a = 5 unidades
    A = ________
    P = ________

Escribe una ecuación. Luego resuelve.

Muestra tu trabajo.

12. Mattie camina $\frac{3}{4}$ de milla a la escuela y luego de regreso cada día. ¿Cuántas millas camina desde y hacia la escuela en 5 días?

____

13. Cierta estampilla mide 2 pulgadas de largo y $\frac{5}{6}$ de pulgada de ancho. ¿Cuál es el área de la estampilla?

____

14. **Amplía tu razonamiento** Para un trabajo de carpintería, Tyler cortó 14 tablas de $\frac{3}{4}$ de yarda cada una y una tabla de $2\frac{1}{4}$ yardas. ¿Cuál es la longitud total de las tablas que cortó Tyler? Muestra tu trabajo.

____

6-10
Haz la tarea

Nombre ______________________ Fecha ______________

Un huerto de pizza es una versión más pequeña de una granja de pizza. Puedes hacer tu propio huerto de pizza en tu casa o en tu comunidad.

1. Usa el siguiente círculo para dibujar un huerto de pizza vegetariana con 8 porciones. En cada porción, muestra uno de los siguientes ingredientes vegetarianos: trigo, fruta, vegetales, hierbas italianas y vacas lecheras. Usa cada tipo de ingrediente al menos una vez.

2. ¿Qué fracción de tu huerto de pizza está formado por trigo o fruta?

____

3. ¿Qué fracción de tu huerto de pizza no está formado por vegetales?

____

6-10
Recuerda

Nombre ______________________ Fecha ____________

Usa la regla para hallar los próximos cinco términos del patrón.

1. 7, 14, 28, 56, …

   Regla: multiplicar por 2

   ____

2. 10, 18, 26, 34, …

   Regla: sumar 8

   ____

Usa la regla para hallar los primeros diez términos del patrón.

3. Primer término: 3 Regla: multiplicar por 2

   ____

Resuelve.

4. Un huerto de vegetales rectangular mide 10 yardas por 7 yardas. ¿Cuál es el perímetro del huerto en pies?

   ____

   ____

Multiplica. Cambia las fracciones mayores de 1 a números o mixtos o números enteros.

5. $7 \cdot \frac{3}{5} =$ ________

6. $12 \cdot \frac{1}{2} =$ ________

7. $9 \cdot \frac{3}{10} =$ ________

8. **Amplía tu razonamiento** La tabla muestra la cantidad de nieve, en pulgadas, durante los meses de invierno del año pasado y este año. ¿Cuánto tendría que nevar en febrero de este año para que el total de nieve este invierno sea el mismo que el invierno pasado? Muestra tu trabajo.

Año pasado			Este año		
dic.	ene.	feb.	dic.	ene.	feb.
$27\frac{7}{8}$	$17\frac{1}{8}$	$26\frac{3}{8}$	$35\frac{5}{8}$	$11\frac{1}{8}$	?

____

____

7-1
Haz la tarea

Nombre ______________________ Fecha ____________

Escribe > o < para que cada enunciado sea verdadero.

1. $\frac{1}{5}$ ◯ $\frac{1}{4}$
2. $\frac{6}{10}$ ◯ $\frac{5}{10}$
3. $\frac{4}{10}$ ◯ $\frac{4}{12}$
4. $\frac{3}{5}$ ◯ $\frac{4}{5}$
5. $\frac{3}{6}$ ◯ $\frac{3}{8}$
6. $\frac{7}{100}$ ◯ $\frac{8}{100}$

Resuelve. Explica tus respuestas. *Muestra tu trabajo.*

7. Juan comió $\frac{2}{12}$ de la ensalada de fruta y Harry comió $\frac{3}{12}$ de la misma ensalada. ¿Quién comió más ensalada?

____

____

____

8. Kim bebió $\frac{1}{3}$ de un envase de leche. Joan bebió $\frac{1}{4}$ de un envase. ¿Quién bebió más?

____

____

9. Maria leyó $\frac{3}{8}$ de un cuento. Darren leyó $\frac{3}{6}$ del mismo cuento. ¿Quién leyó más del cuento?

____

____

____

10. Escribe 2 cosas que aprendiste hoy sobre comparar fracciones.

____

____

____

11. Escribe y resuelve un problema con fracciones propio.

____

____

____

7-1 Recuerda

Nombre ____________________ Fecha ____________

Divide.

1. $6\overline{)273}$
2. $2\overline{)1,935}$
3. $7\overline{)812}$

Escribe = o ≠ para que cada enunciado sea verdadero.

4. $16 - 4 \bigcirc 2$
5. $20 + 8 \bigcirc 30 - 2$
6. $9 - 4 \bigcirc 12$
7. $48 \bigcirc 24 + 24$
8. $50 + 3 + 8 \bigcirc 71$
9. $13 + 15 \bigcirc 15 + 13$

Resuelve cada ecuación.

10. $18 \div s = 9$

    $s =$ ______

11. $m = 8 \times 4$

    $m =$ ______

12. $p \div 10 = 7$

    $p =$ ______

13. $t \times 12 = 60$

    $t =$ ______

14. $3 \times y = 18$

    $y =$ ______

15. $j = 42 \div 6$

    $j =$ ______

16. **Amplía tu razonamiento** Ellen, Fern y Kyle beben leche de envases del mismo tamaño en la cafetería. El envase de Ellen está $\frac{3}{7}$ lleno. El envase de Fern está $\frac{3}{10}$ lleno. El envase de Kyle está $\frac{3}{4}$ lleno. ¿A quién le queda menos leche en su envase? Explica cómo lo sabes.

____

____

____

____

____

____

7-2
Haz la tarea

Nombre ______________________ Fecha ______________

❶ Usa la recta numérica para comparar fracciones o números mixtos. Escribe > o < para que el enunciado sea verdadero.

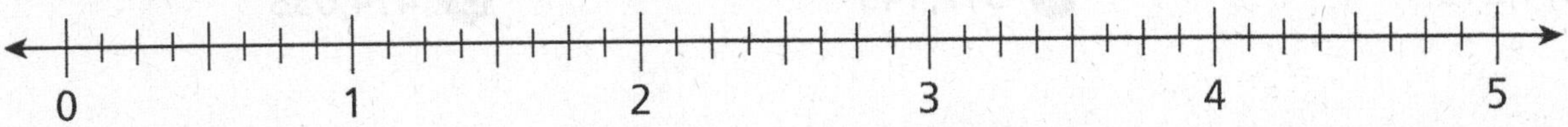

a. $\frac{3}{4} \bigcirc \frac{5}{8}$ b. $1\frac{1}{4} \bigcirc \frac{3}{2}$ c. $\frac{9}{4} \bigcirc 2\frac{1}{2}$ d. $\frac{7}{2} \bigcirc \frac{17}{8}$

e. $4\frac{2}{4} \bigcirc 4\frac{5}{8}$ f. $4\frac{1}{2} \bigcirc \frac{33}{8}$ g. $1\frac{3}{4} \bigcirc 1\frac{7}{8}$ h. $1\frac{1}{2} \bigcirc 1\frac{1}{8}$

❷ Marca y rotula la letra de cada fracción o número mixto en la recta numérica.

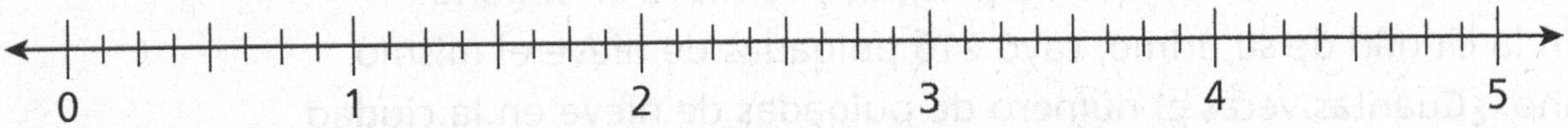

a. $\frac{3}{8}$ b. $\frac{3}{4}$ c. $1\frac{1}{2}$ d. $2\frac{1}{8}$ e. $2\frac{7}{8}$

f. $3\frac{1}{4}$ g. $3\frac{5}{8}$ h. $4\frac{2}{4}$ i. $4\frac{6}{8}$ j. $4\frac{7}{8}$

La siguiente lista muestra la cantidad de fruta que se compró en el mercado.

Compras de fruta (lb = libras)

Manzanas $2\frac{1}{8}$ lb	Bananas $2\frac{3}{8}$ lb
Uvas $2\frac{2}{3}$ lb	Naranjas $3\frac{1}{10}$ lb

❸ Decide si cada peso es más cercano a 2 libras, $2\frac{1}{2}$ libras o 3 libras. Escribe *cercano a 2 libras, cercano a* $2\frac{1}{2}$ libras o *cercano a 3* libras.

a. manzanas ______________________ b. bananas ______________________

c. uvas ______________________ d. naranjas ______________________

❹ ¿Qué compra tuvo mayor peso?

a. manzanas o uvas ______________ b. naranjas o bananas ______________

Nombre ______________________ Fecha ______

Resuelve usando cualquier método.

1 $8\overline{)1,219}$ **2** $3\overline{)7,149}$ **3** $4\overline{)4,038}$

Resuelve cada problema de comparación.

4 Mateo leyó 2,382 páginas de una serie de libros en el verano. Esto es 3 veces el número de páginas que leyó su hermano menor en el verano. ¿Cuántas páginas leyó el hermano de Mateo en el verano?

____

5 En la ciudad de Jen cayeron 9 pulgadas de nieve en un año. En la ciudad de su primo, cayó 216 pulgadas de nieve el mismo año. ¿Cuántas veces el número de pulgadas de nieve en la ciudad de Jen cayó en la ciudad del primo?

____

Escribe $<$ o $>$ para que cada enunciado sea verdadero.

6 $\frac{2}{5}$ ◯ $\frac{4}{5}$ **7** $\frac{1}{8}$ ◯ $\frac{3}{8}$ **8** $\frac{4}{5}$ ◯ $\frac{4}{6}$

9 **Amplía tu razonamiento** Dakota dice que el punto en la recta numérica que se muestra aquí es $\frac{4}{5}$. Su maestro dice que lee la recta numérica incorrectamente. ¿Cuál es el error de Dakota? ¿Cuál es la fracción correcta?

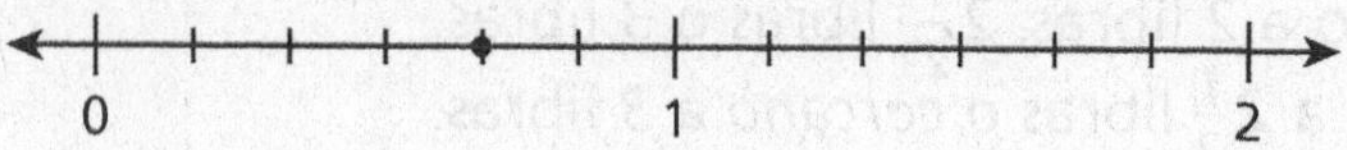

____

____

____

____

7-3
Haz la tarea

Nombre ______________________ Fecha ______________

1. Dibuja un cuadrado pequeño, un cuadrado mediano y un cuadrado grande. Sombrea $\frac{1}{6}$ de cada uno.

2. Dibuja un círculo pequeño, un círculo mediano y un círculo grande. Sombrea $\frac{3}{4}$ de cada uno.

3. Dibuja un rectángulo corto, un rectángulo mediano y un rectángulo grande. Sombrea $\frac{3}{5}$ de cada uno.

4. Mira las figuras de diferentes tamaños que sombreaste en los problemas 1 a 3. Describe lo que muestran sobre fracciones de diferentes enteros.

____

____

____

Resuelve.

Muestra tu trabajo.

5. Kris se comió $\frac{3}{8}$ de una pizza y Kim se comió $\frac{4}{8}$ de la misma pizza. ¿Se comieron toda la pizza? Explica.

____

6. Amena se comió $\frac{1}{2}$ de un sándwich. Lavonne comió $\frac{1}{2}$ de un sándwich distinto. Amena dijo que comieron la misma cantidad. Lavonne dijo que Amena comió más. ¿Puede estar en lo cierto Lavonne? Explica tu razonamiento.

____

____

____

7-3 Recuerda

Nombre ______________________ Fecha ______________

Suma o resta.

1 $\begin{array}{r} 8{,}159 \\ +2{,}713 \\ \hline \end{array}$

2 $\begin{array}{r} 54{,}992 \\ +\ 8{,}317 \\ \hline \end{array}$

3 $\begin{array}{r} 625{,}000 \\ -139{,}256 \\ \hline \end{array}$

Usa una ecuación para resolver.

4 Chad cosechó 39 papas de su huerto. Se dejó 11 para él y compartió las papas restantes equitativamente entre sus 4 vecinos. ¿Cuántas papas recibió cada vecino?

____

5 **Marca y rotula el punto para cada fracción o número mixto con su letra.**

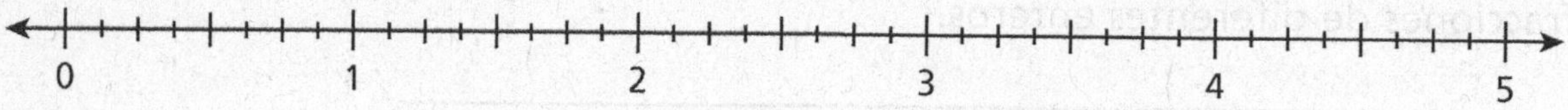

a. $3\frac{1}{8}$ b. $1\frac{2}{4}$ c. $\frac{3}{4}$ d. $4\frac{7}{8}$ e. $2\frac{1}{8}$

f. $\frac{5}{8}$ g. $2\frac{1}{4}$ h. $1\frac{3}{8}$ i. $3\frac{6}{8}$ j. $4\frac{1}{2}$

6 **Amplía tu razonamiento** Raylene hizo un brazalete con 28 cuentas. También hizo un collar con el doble de número de cuentas que el brazalete. Si $\frac{1}{2}$ de las cuentas del brazalete son verdes y $\frac{1}{4}$ de las cuentas del collar son verdes, ¿cuál tiene más cuentas verdes: el brazalete, el collar o ninguno? Explica.

____

____

____

____

7-4
Haz la tarea

Nombre ______________________ Fecha ______________

Usa las tiras de fracciones para mostrar cómo cada par es equivalente.

1 $\frac{1}{3}$ y $\frac{2}{6}$

$$\frac{1}{3} = \frac{1 \times \square}{3 \times \square} = \frac{2}{6}$$

2 $\frac{3}{4}$ y $\frac{9}{12}$

$$\frac{3}{4} = \frac{3 \times \square}{4 \times \square} = \frac{9}{12}$$

3 $\frac{2}{5}$ y $\frac{4}{10}$

$$\frac{2}{5} = \frac{2 \times \square}{5 \times \square} = \frac{4}{10}$$

4 $\frac{2}{4}$ y $\frac{6}{12}$

$$\frac{2}{4} = \frac{2 \times \square}{4 \times \square} = \frac{6}{12}$$

Completa para mostrar cómo las fracciones son equivalentes.

5 $\frac{5}{6}$ y $\frac{35}{42}$

$$\frac{5}{6} = \frac{5 \times \square}{6 \times \square} = \frac{35}{42}$$

6 $\frac{4}{10}$ y $\frac{40}{\square}$

$$\frac{4}{10} = \frac{4 \times 10}{10 \times \square} = \frac{\square}{\square}$$

Completa.

7 $\frac{4}{5} = \frac{4 \times \square}{5 \times \square} = \frac{\square}{45}$

8 $\frac{2}{5} = \frac{2 \times \square}{5 \times \square} = \frac{\square}{40}$

9 $\frac{3}{8} = \frac{3 \times \square}{8 \times \square} = \frac{18}{\square}$

7-4 Recuerda

Nombre _______________ Fecha _______________

Resuelve. Luego explica el significado del residuo.

1. Doris está preparando bolsas de regalo. Tiene que dividir 53 sorpresas equitativamente entre bolsas de regalo para 7 invitados. ¿Cuántas sorpresas le tocarán a cada invitado?

Resuelve cada problema.

2. $2 \times 9 + 5 = r$

3. $36 \div (20 - 8) = t$

Resuelve.

4. Mattie y Leah compraron cada una un cono de helado por el mismo precio. Mattie dijo que le costó $\frac{2}{3}$ de su mesada. Leah dijo que le costó $\frac{1}{3}$ de su mesada. ¿Quién recibe mayor mesada? Explica.

5. **Amplía tu razonamiento** Omar corta una pizza en 4 porciones y come 3 porciones. Dice que comería la misma cantidad de pizza si cortara la pizza en 8 porciones y comiera 6. Paul dice que puede cortar la pizza en 16 porciones y comer 12 porciones para comer la misma cantidad. ¿Quién está en lo cierto? Explica.

Nombre ____________________ Fecha ____________

Sombrea la barra de fracciones para mostrar la fracción de objetos vendidos. Agrupa las fracciones unitarias para formar una fracción equivalente en su mínima expresión. Muestra tu trabajo numéricamente.

1 La gerente de Flores de Fantasía hizo 8 ramos de flores silvestres. Al mediodía, vendió 2 ramos. ¿Qué fracción vendió?

$\frac{1}{8}$	$\frac{1}{8}$	$\frac{1}{8}$	$\frac{1}{8}$	$\frac{1}{8}$	$\frac{1}{8}$	$\frac{1}{8}$	$\frac{1}{8}$

Tamaño del grupo: ________ Fracción de los ramos vendidos: $\frac{2 \div}{8 \div} =$ ________

2 Un vendedor de carros tenía 12 carros rojos en su lote al principio del mes. La primera semana vendió 8. ¿Qué fracción vendió esa semana?

$\frac{1}{12}$	$\frac{1}{12}$	$\frac{1}{12}$	$\frac{1}{12}$	$\frac{1}{12}$	$\frac{1}{12}$	$\frac{1}{12}$	$\frac{1}{12}$	$\frac{1}{12}$	$\frac{1}{12}$	$\frac{1}{12}$	$\frac{1}{12}$

Tamaño del grupo: ________ Fracción de los carros vendidos: $\frac{8 \div}{12 \div} =$ ________

3 Una tienda de música recibió 10 copias de un nuevo CD. Vendieron 6 en la primera hora. ¿Qué fracción vendió la tienda en la primera hora?

$\frac{1}{10}$	$\frac{1}{10}$	$\frac{1}{10}$	$\frac{1}{10}$	$\frac{1}{10}$	$\frac{1}{10}$	$\frac{1}{10}$	$\frac{1}{10}$	$\frac{1}{10}$	$\frac{1}{10}$

Tamaño del grupo: ________ Fracción de CD vendidos: $\frac{6 \div}{10 \div} =$ ________

Simplifica cada fracción.

4 $\frac{8 \div}{10 \div} =$ ________

5 $\frac{6 \div}{12 \div} =$ ________

6 $\frac{25 \div}{100 \div} =$ ________

7 $\frac{4 \div}{8 \div} =$ ________

Nombre ______________________ Fecha ______________

Indica si 4 es factor de cada número. Escribe *sí* o *no*.

1. 12 ______
2. 20 ______
3. 10 ______
4. 26 ______

Indica si cada número es múltiplo de 3. Escribe *sí* o *no*.

5. 15 ______
6. 32 ______
7. 27 ______
8. 25 ______

Nombra la fracción para cada suma de fracciones unitarias.

9. $\frac{1}{8} + \frac{1}{8} + \frac{1}{8} + \frac{1}{8} + \frac{1}{8} =$ ______

10. $\frac{1}{12} + \frac{1}{12} + \frac{1}{12} + \frac{1}{12} + \frac{1}{12} + \frac{1}{12} =$ ______

11. $\frac{1}{9} + \frac{1}{9} + \frac{1}{9} + \frac{1}{9} + \frac{1}{9} + \frac{1}{9} + \frac{1}{9} =$ ______

Completa.

12. $\frac{3}{5} = \frac{3 \times \square}{5 \times \square} = \frac{21}{\square}$

13. $\frac{2}{9} = \frac{2 \times \square}{9 \times \square} = \frac{\square}{36}$

14. $\frac{5}{6} = \frac{5 \times \square}{6 \times \square} = \frac{15}{\square}$

15. **Amplía tu razonamiento** Explica dos modos de simplificar $\frac{6}{12}$.

____

____

____

____

____

7-6
Haz la tarea

Nombre ____________________ Fecha ____________

❶ Usa las tiras de fracciones para comparar las fracciones $\frac{7}{12}$ y $\frac{2}{3}$.

$\frac{7}{12}$ ◯ $\frac{2}{3}$

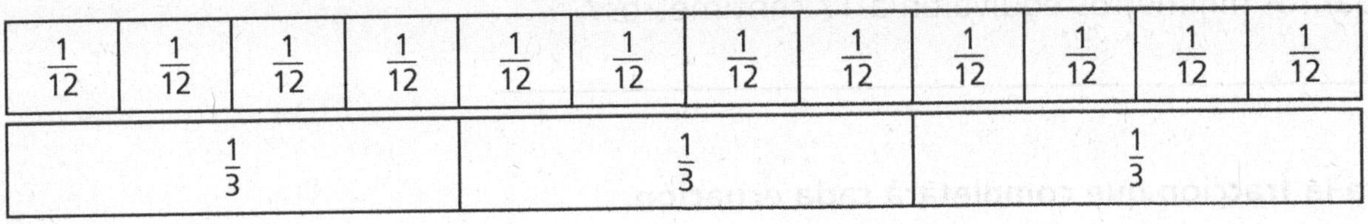

❷ Usa las tiras de fracciones para comparar las fracciones $\frac{5}{6}$ y $\frac{2}{3}$.

$\frac{5}{6}$ ◯ $\frac{2}{3}$

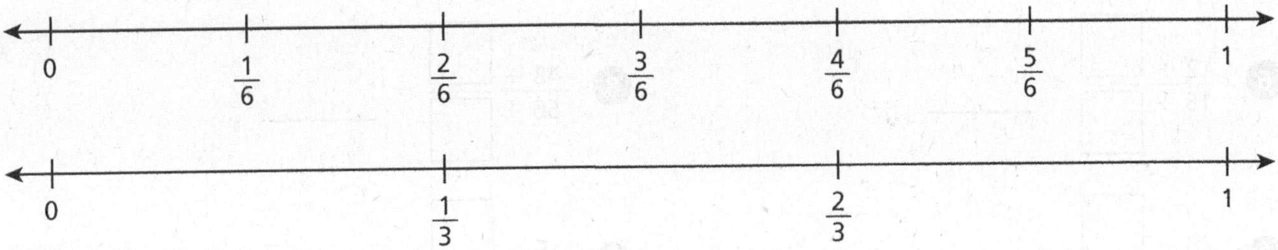

Compara. Escribe >, < o =.

❸ $\frac{1}{6}$ ◯ $\frac{3}{5}$

❹ $\frac{7}{8}$ ◯ $\frac{3}{4}$

❺ $\frac{1}{4}$ ◯ $\frac{3}{10}$

❻ $\frac{7}{10}$ ◯ $\frac{5}{8}$

❼ $\frac{2}{3}$ ◯ $\frac{1}{2}$

❽ $\frac{2}{5}$ ◯ $\frac{7}{10}$

Nombre ____________________ Fecha ____________

Escribe un enunciado numérico para responder cada pregunta.

1. ¿Cuántos metros equivalen a 58 kilómetros?

____

2. ¿Cuántos milímetros equivalen a 17 centímetros?

____

Nombra la fracción que completará cada ecuación.

3. $1 = \frac{4}{4} = \frac{1}{4} + $ ______

4. $1 = \frac{8}{8} = \frac{2}{8} + $ ______

5. $1 = \frac{6}{6} = \frac{1}{6} + $ ______

Simplifica cada fracción.

6. $\frac{12 \div \square}{15 \div \square} = $ ______

8. $\frac{48 \div \square}{56 \div \square} = $ ______

7. $\frac{28 \div \square}{36 \div \square} = $ ______

9. $\frac{15 \div \square}{40 \div \square} = $ ______

10. **Amplía tu razonamiento** Kathleen, Penny y Megan piden batidos de 12 onzas. Luego de 5 minutos, a Kathleen aún le queda $\frac{3}{4}$, a Penny $\frac{5}{6}$ y a Megan $\frac{5}{8}$. ¿Quién tiene la menor cantidad de batido en su vaso? ¿Quién tiene la mayor cantidad? Explica.

____

____

____

____

____

____

____

7-7
Haz la tarea

Nombre ______________________ Fecha ______________

Tyler les preguntó a sus compañeros de clase la distancia en millas desde su casa hasta la escuela. Las distancias que nombraron se muestran en la tabla.

Distancia desde casa hasta la escuela (en millas)	Número de estudiantes
$\frac{2}{8}$	5
$\frac{3}{8}$	3
$\frac{4}{8}$	4
$\frac{5}{8}$	5
$\frac{6}{8}$	3
$\frac{7}{8}$	7

1 Haz un diagrama de puntos con los datos

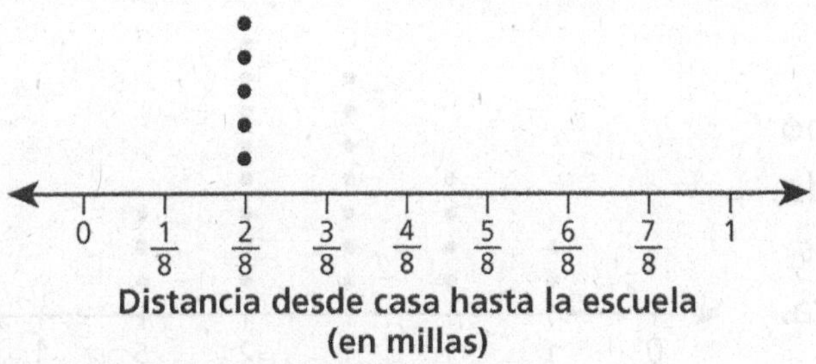

2 ¿A cuántos estudiantes les preguntó Tyler en total? Explica cómo lo sabes.

____

3 Halla la diferencia entre la mayor distancia y la menor distancia.

____

4 Layla vive a la menor distancia de la escuela. Su amiga Geneva vive a $\frac{3}{8}$ de milla de ella. Geneva caminó hasta la casa de Layla. Luego las dos chicas caminaron juntas a la escuela. ¿Cuánto caminó Geneva en total?

____

7-7 Recuerda

Nombre ____________________ Fecha ____________

Completa.

1. ¿Cuántos litros equivalen a 39 kilolitros? ____________

2. ¿Cuántos miligramos equivalen a 4 centigramos? ____________

Resuelve.

3. $\frac{5}{9} + \frac{2}{9} =$ ______

4. $\frac{4}{6} - \frac{1}{6} =$ ______

5. $\frac{10}{11} - \frac{3}{11} =$ ______

Usa un denominador común para comparar las fracciones.
Escribe $<$, $=$ o $>$ para que el enunciado sea verdadero.

6. $\frac{9}{10} \bigcirc \frac{2}{3}$

7. $\frac{5}{8} \bigcirc \frac{3}{5}$

8. $\frac{2}{3} \bigcirc \frac{5}{6}$

9. $\frac{4}{14} \bigcirc \frac{2}{7}$

10. $\frac{4}{5} \bigcirc \frac{4}{10}$

11. $\frac{6}{8} \bigcirc \frac{5}{6}$

12. **Amplía tu razonamiento** El señor Brady preguntó a sus estudiantes cuánto tiempo le tomó a cada uno completar su tarea de la noche anterior. Presentó los resultados en el diagrama de puntos que se muestra. ¿Cuántos minutos le tomó hacer la tarea al mayor número de estudiantes? ¿Cuántas horas combinadas dedicaron esos estudiantes en particular a su tarea? Explica.

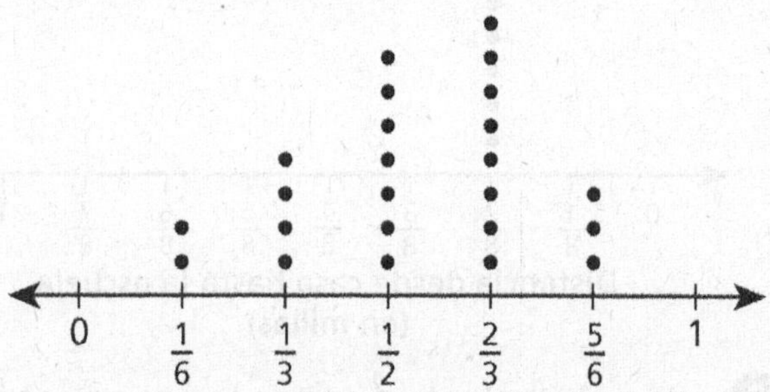

Tiempo para hacer la tarea (en horas)

____

____

____

____

____

____

7-8
Haz la tarea

Nombre ____________________ Fecha ____________

Usa los elementos visuales para llenar cada espacio en blanco.

1. La parte sombreada del entero representa:

$\frac{40}{100}$ = ______ de ______ partes iguales y el decimal ______.

$\frac{4}{10}$ = ______ de ______ partes iguales y el decimal ______.

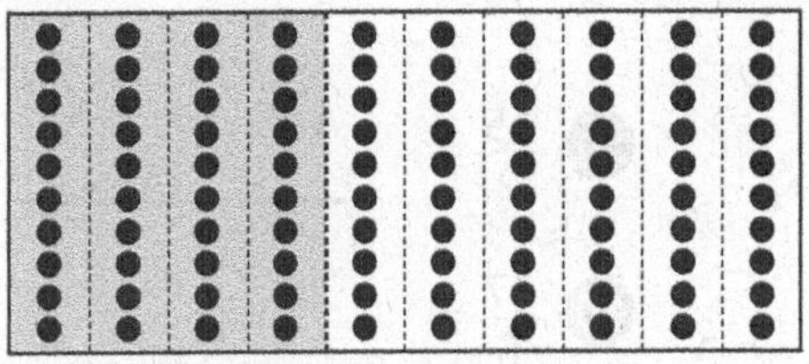

2. La parte sombreada del entero representa:

$\frac{25}{100}$ = ______ de ______ partes iguales, $\frac{1}{4}$ = ______ de ______ de partes iguales, y el decimal ______.

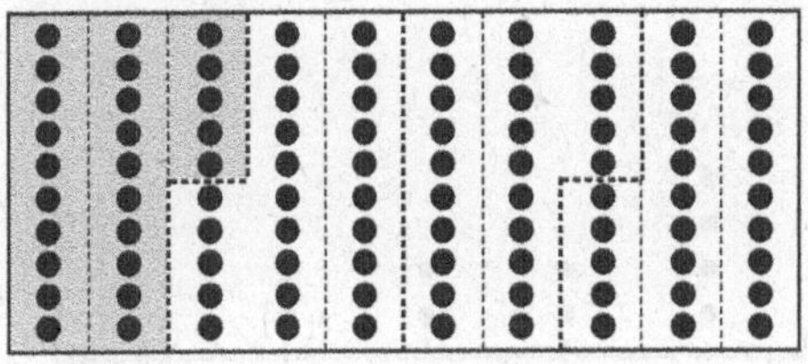

3. La parte sombreada del entero representa:

$\frac{110}{100}$ = ______ de ______ partes iguales, $\frac{11}{10}$ = ______ de ______ partes iguales,

$1\frac{1}{10}$ = ______ entero y ______ de ______ partes iguales, y el decimal ______.

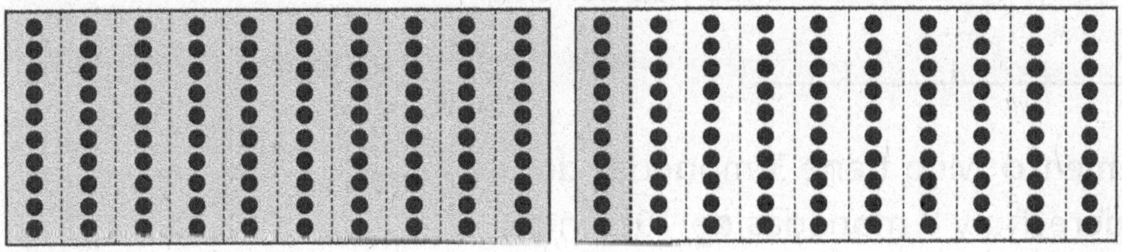

Resuelve.

4. Juan sombreó una parte del entero. Cuatro fracciones representan la parte sombreada del entero. Haz una lista con cada fracción. Explica cómo cada fracción se relaciona con la parte sombreada del entero.

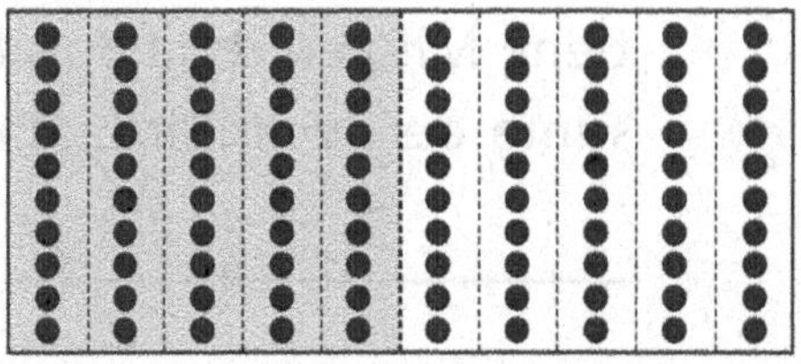

____

____

____

7-8 Recuerda

Nombre ______________________ Fecha ______

Convierte cada medida.

1 12 h = __________ min

2 2 meses = __________ semanas

3 43 min = __________ s

4 6 días = __________ h

Escribe el número mixto equivalente.

5 $\frac{12}{5}$ = __________

6 $\frac{19}{4}$ = __________

7 $\frac{15}{2}$ = __________

8 $\frac{29}{3}$ = __________

9 $\frac{49}{8}$ = __________

10 $\frac{37}{6}$ = __________

El diagrama de puntos muestra cuánto cabello se cortó Emmy cada vez que fue al salón este año. Usa el diagrama de puntos para responder los ejercicios 11 y 12.

11 ¿Cuántas veces se cortó el cabello Emmy este año?

____

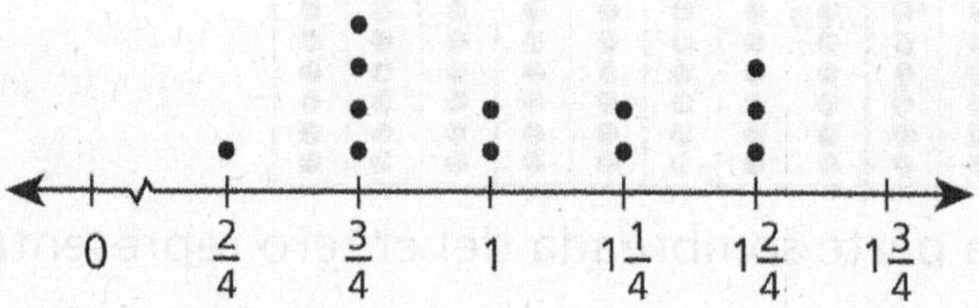

Longitud de cabello cortado (en pulgadas)

12 ¿Cuánto más larga era la longitud del cabello que Emmy se hacía cortar con más frecuencia que la longitud de cabello que se hacía cortar con menos frecuencia?

____

13 **Amplía tu razonamiento** Milo tiene 3 monedas de 25¢ en el bolsillo derecho y 8 monedas de 10¢ en el bolsillo izquierdo. Muestra la cantidad de dinero que tiene Milo en cada bolsillo como suma de fracciones y como suma de decimales. ¿En qué bolsillo hay más dinero?

____

____

____

____

____

Nombre ______________________ Fecha ______________

Escribe una fracción y un número decimal para mostrar qué parte de cada barra está sombreada.

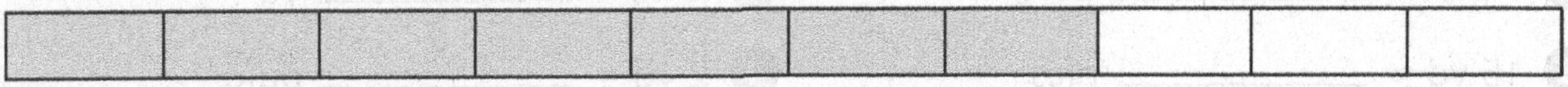

1. Fracción: ______________ Número decimal: ______________

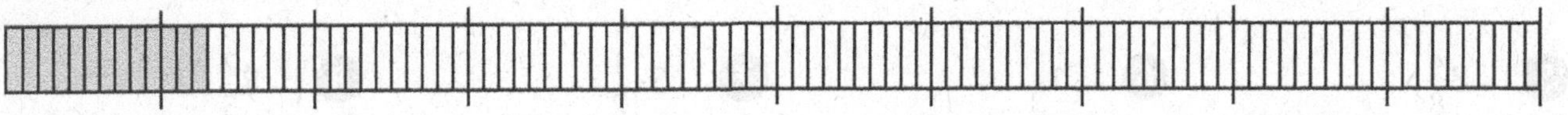

2. Fracción: ______________ Número decimal: ______________

Escribe estas cantidades como números decimales.

3. 5 décimos ________
4. 9 centésimos ________
5. 56 centésimos ________
6. $\frac{80}{100}$ ________
7. $\frac{3}{10}$ ________
8. $\frac{1}{100}$ ________
9. 3 centavos ________
10. 2 monedas de 25¢ ________
11. 3 monedas de 5¢ ________

Responde las siguientes preguntas.

12. Si tomaras una prueba con 10 preguntas y tuvieras 7 bien,¿qué parte decimal sería? ________
¿Qué parte decimal tuviste mal? ________

13. Si tuvieras un dólar y gastaras 5 centavos, ¿qué cantidad decimal gastaste? ________
¿Qué cantidad decimal te queda? ________

14. Si tenías una bolsa con 100 cuentas y usaste 40, ¿qué número decimal usaste? Expresa este número en décimos y en centésimos. ________ ________

15. Si tuviste que viajar 100 millas e hiciste 25 millas, ¿qué parte decimal del viaje recorriste? ________
¿Qué parte decimal del viaje aún te falta? ________

Nombre ______________________ **Fecha** ______________

Convierte.

1. 7 pies = ____________ pulg
2. 4 mi = ____________ yd
3. 15 yd = ____________ pies
4. 2 yd = ____________ pulg

Suma o resta.

5. $8\frac{4}{8} + 2\frac{2}{8}$
6. $1\frac{1}{3} + 7\frac{1}{3}$
7. $5\frac{11}{12} - 1\frac{5}{12}$
8. $8\frac{2}{5} - 7\frac{4}{5}$

Usa los elementos visuales para completar cada espacio en blanco.

9. La parte sombreada del entero representa:

$\frac{70}{100}$ representa ____________ de ____________ partes iguales y el decimal ____________.

$\frac{7}{10}$ representa ____________ de ____________ partes iguales y el decimal ____________.

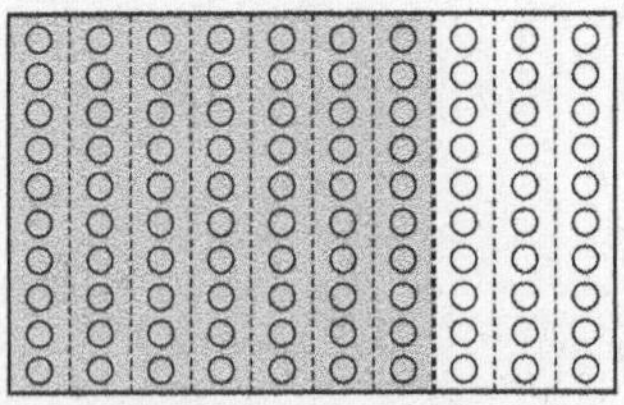

10. **Amplía tu razonamiento** Rosemary puso 7 monedas de 10¢ y 3 monedas de 1¢ en un frasco de propinas de un café. Muestra esta cantidad como decimal y como fracción. ¿Cuánto cambio más tendría que poner Rosemary en el frasco de propinas para formar un dólar entero?

____

____

7-10
Haz la tarea

Nombre ______________________ Fecha ______________

Escribe los números decimales que siguen.

1. 0.05 0.06 0.07 ______ ______ ______ ______
2. 0.26 0.27 0.28 ______ ______ ______ ______
3. 0.3 0.4 0.5 ______ ______ ______ ______

Escribe cada número en forma decimal.

4. 9 décimos ______
5. 5 centésimos ______
6. 29 centésimos ______
7. $\frac{73}{100}$ ______
8. $\frac{2}{10}$ ______
9. $\frac{8}{100}$ ______
10. 4 monedas de 1¢ ______
11. 3 monedas de 25¢ ______
12. 6 monedas de 10¢ y 1 moneda de 5¢ ______

Resuelve.

Un frasco pequeño contiene 4 bolitas de chicle blancas y 6 bolitas de chicle rojas.

13. ¿Qué número decimal muestra qué parte de las bolitas de chicle son rojas? ______
14. ¿Qué número decimal muestra qué parte de las bolitas de chicle son blancas? ______
15. Un frasco grande de 100 bolitas de chicle tiene las mismas fracciones de bolitas rojas y bolitas blancas que el frasco pequeño. ¿Cuántas bolitas de chicle del frasco grande son rojas? ______ ¿Cuántas son blancas? ______

Una acera tiene 100 cuadrados. Hay grietas en 9 de los cuadrados.

16. ¿Qué número decimal muestra qué parte de la acera está agrietada? ______
17. ¿Qué fracción muestra qué parte de la acera está agrietada? ______

Escribe cada décimo como centésimo.

18. 0.6 = ______
19. 0.2 = ______
20. 0.5 = ______

7-10 Recuerda

Nombre ________________ Fecha ________________

Resuelve. *Muestra tu trabajo.*

❶ Mena compró una jarra de agua de 1 galón. ¿Cuántas raciones de 2 tazas hay en la jarra?

____

❷ La mochila llena de Kaden pesa 7 libras. ¿Cuántas onzas pesa la mochila?

____

Suma o resta.

❸ $\frac{7}{8} - \frac{3}{8} =$

❹ $\frac{1}{4} + \frac{3}{4} =$

❺ $10\frac{11}{12} - 5\frac{4}{12} =$

❻ $\frac{2}{3} + \frac{2}{3} =$

❼ $\frac{4}{9} + 3\frac{4}{9} =$

❽ $8\frac{5}{6} - 4\frac{4}{6} =$

Escribe estas cantidades como números decimales.

❾ 8 décimos ______

❿ 5 centésimos ______

⓫ 27 centésimos ______

⓬ $\frac{2}{100}$ ______

⓭ $\frac{93}{100}$ ______

⓮ $\frac{7}{10}$ ______

⓯ 46 monedas de 1¢ ______

⓰ 3 monedas de 5¢ ______

⓱ 9 monedas de 10¢ ______

⓲ **Amplía tu razonamiento** Ben dice que 0.80 es mayor que 0.8 porque 80 es mayor que 8. Explica su error.

____

____

____

____

____

____

____

Nombre ______________________ Fecha ______________

Escribe cada número en forma decimal.

1. 6 décimos ______
2. 85 centésimos ______
3. 9 centésimos ______
4. 7 décimos ______
5. $\frac{4}{100}$ ______
6. $2\frac{9}{10}$ ______
7. $\frac{23}{10}$ ______
8. $11\frac{3}{100}$ ______
9. 6 centavos ______
10. doce *y* 5 décimos ______
11. treinta *y* 25 centésimos ______

Escribe cada decimal de forma desarrollada.

12. 27.9 ______________________
13. 153.76 ______________________
14. 203.06 ______________________

Usa la gráfica para responder las preguntas 15 a 17.

Melones cosechados

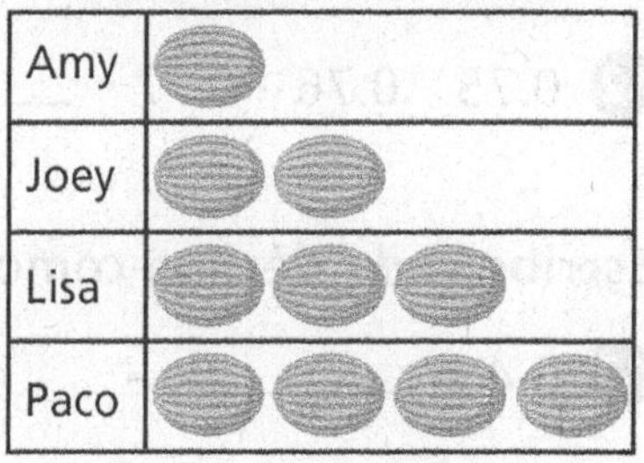

Clave: = 1 melón

15. ¿Qué parte decimal de todos los melones cosechó Amy? ______
16. ¿Qué parte decimal de todos los melones cosechó Paco? ______
17. ¿Qué parte decimal de todos los melones cosecharon Joey y Lisa juntos? ______

Resuelve.

18. Un ciempiés tiene 100 patas. ¿Qué parte decimal es una pata? ______
19. En un banquete, se cortó cada pastel en 100 trozos. Los invitados comieron 4 pasteles enteros y todo menos un trozo de otro. ¿Qué parte decimal representa el número de pasteles que se comieron? ______
20. Miguel ganó $10 y ahorró $3. ¿Qué parte decimal ahorró? ______
21. Jing ganó $100 y ahorró $30. ¿Qué parte decimal ahorró? ______

7-11
Recuerda

Nombre ____________________ Fecha ____________

Suma o resta.

1. $5{,}000 - 3{,}296$
2. $286{,}361 + 45{,}743$
3. $863{,}542 - 794{,}815$

Multiplica.

4. $4 \times \frac{1}{5} =$
5. $9 \times \frac{2}{3} =$
6. $3 \times \frac{7}{8} =$
7. $2 \times \frac{5}{12} =$
8. $5 \times \frac{6}{7} =$
9. $7 \times \frac{9}{10} =$

Escribe los números decimales que siguen.

10. 0.03 0.04 0.05 ______ ______ ______ ______

11. 0.2 0.3 0.4 ______ ______ ______ ______

12. 0.75 0.76 0.77 ______ ______ ______ ______

Escribe cada décima como centésimo.

13. 0.4 = ______
14. 0.9 = ______
15. 0.1 = ______
16. 0.3 = ______
17. 0.5 = ______
18. 0.7 = ______

19. **Amplía tu razonamiento** Un puñado de clips pesa 5.2 gramos. Un puñado de tachuelas pesa 500 centigramos. ¿Qué puñado pesa más? Explica.

____

____

____

____

7-12
Haz la tarea

Nombre ______________________ Fecha ______________

Escribe estas cantidades como números decimales.

1. 4 décimos ______
2. 72 centésimos ______
3. 6 centésimos ______
4. 8 centavos ______
5. $\frac{68}{100}$ ______
6. $9\frac{4}{10}$ ______
7. $\frac{16}{100}$ ______
8. $6\frac{7}{100}$ ______
9. 30 centésimos ______

Encierra en un círculo el número que no tiene el mismo valor que los demás.

10. 0.95 0.950 0.905
11. 0.2 0.20 0.02
12. 0.730 0.703 0.73
13. 1.6 1.60 1.06
14. 0.59 5.90 $\frac{59}{100}$
15. 0.08 0.008 0.080

Escribe >, < o = para comparar estos números.

16. 4.67 ◯ 12.7
17. 0.35 ◯ 0.4
18. 4.58 ◯ 1.25
19. 8.3 ◯ 0.83
20. 0.92 ◯ 0.91
21. 2.3 ◯ 0.84
22. 10.1 ◯ 10.01
23. 7.4 ◯ 0.74

La tabla muestra qué tan lejos saltaron los estudiantes en la competencia de salto en largo. Usa la tabla para responder las preguntas.

24. ¿Quién saltó la mayor distancia? ______
25. ¿Quién saltó la menor distancia? ______
26. ¿Qué dos estudiantes saltaron la misma distancia? ______

Competencia de salto en largo

Nombre	Longitud del salto
Joshua	1.60 metros
Amanda	1.59 metros
Hester	1.7 metros
Miguel	1.6 metros

Nombre ______________________ Fecha ______________

Elige una unidad de medida para cada rectángulo y halla el área y el perímetro. Muestra tu trabajo.

1. 11 por 8

   ____

   ____

2. 5 por 9

   ____

   ____

3. 2 por 6

   ____

   ____

Multiplica.

4. $5 \cdot \frac{2}{3} =$ ______________

5. $12 \cdot \frac{1}{5} =$ ______________

6. $8 \cdot \frac{4}{7} =$ ______________

7. $6 \cdot \frac{3}{8} =$ ______________

Resuelve.

8. Hay 10 porciones en una bolsa de *pretzels*. En un pícnic de la escuela, se comen 2 bolsas enteras y 7 porciones de otra bolsa. ¿Qué número decimal representa las bolsas de *pretzels* que se comieron?

   ____

9. **Amplía tu razonamiento** Lance dice que se pueden comparar números decimales cualquiera de la forma en que se ordenan alfabéticamente las palabras. Se puede saber qué número es menor (o qué palabra aparece antes en el diccionario) si se compara cada dígito (o letra) de izquierda a derecha. ¿Es correcto el razonamiento de Lance? Da un ejemplo numérico para explicar tu razonamiento.

   ____

   ____

   ____

   ____

   ____

Nombre ____________________ Fecha ____________

Escribe >, < o = para comparar estos números.

1. $\frac{3}{4} \bigcirc \frac{2}{8}$

2. $\frac{4}{10} \bigcirc \frac{4}{5}$

3. $1\frac{3}{6} \bigcirc 2\frac{3}{6}$

4. $1\frac{1}{6} \bigcirc 1\frac{1}{4}$

5. $2\frac{7}{8} \bigcirc 2\frac{3}{7}$

6. $1\frac{4}{9} \bigcirc 1\frac{5}{10}$

Completa.

7. $\frac{3}{9} = \frac{3 \times \square}{9 \times \square} = \frac{\square}{45}$

8. $\frac{6}{10} = \frac{6 \times \square}{10 \times \square} = \frac{12}{\square}$

9. $\frac{5}{8} = \frac{5 \times \square}{8 \times 8} = \frac{\square}{\square}$

10. $\frac{24}{30} = \frac{24 \div \square}{30 \div \square} = \frac{\square}{5}$

11. $\frac{28}{35} = \frac{28 \div \square}{35 \div 7} = \frac{\square}{\square}$

12. $\frac{6}{18} = \frac{6 \div \square}{18 \div \square} = \frac{1}{\square}$

Resuelve. *Muestra tu trabajo.*

13. Cole vive a 2.4 millas de la biblioteca. Gwen vive a 2.04 millas de la biblioteca. Xander vive a 2.40 millas de la biblioteca. ¿Quién vive más cerca de la biblioteca: Cole, Gwen o Xander?

____

14. Luego de hacer su proyecto de arte, a Robbie le sobran $\frac{2}{10}$ de yarda de cuerda. ¿Cuánto es $\frac{2}{10}$ escrito como decimal?

____

Nombre ______________________ Fecha ____________

Resuelve.

Muestra tu trabajo.

1. Una botella de 2 cuartos de jugo tiene 1,040 calorías. Cada porción es 1 taza. ¿Cuántas calorías hay en cada porción de jugo?

2. El perímetro de una fotografía es de 20 pulgadas. El lado más largo de la fotografía mide 6 pulgadas. ¿Cuál es la longitud del lado más corto?

Escribe una ecuación. Luego resuelve.

3. Peggy necesita $\frac{3}{4}$ de taza de harina para cada tanda de panqueques. Si hace 5 tandas de panqueques, ¿cuántas tazas de harina usa?

Compara. Usa < o >.

4. 26.3 ◯ 8.3
5. 5.09 ◯ 5.9
6. 1.7 ◯ 7.1
7. 84.2 ◯ 8.42
8. 9.40 ◯ 9.04
9. 57 ◯ 5.7
10. 11.28 ◯ 12.8
11. 6.31 ◯ 6.13

12. **Amplía tu razonamiento** El primer día de un viaje, la familia Brenner camina 2.8 millas. El segundo día, caminan $1\frac{2}{5}$ millas por un sendero. Toman un descanso y caminan de regreso hasta donde empezaron. ¿Qué día caminaron más: el primero o el segundo? Explica.

Nombre ______________________ Fecha ______________

Lee y escribe cada número mixto como decimal.

1. $3\frac{31}{1000}$ ______
2. $2\frac{7}{100}$ ______
3. $8\frac{452}{1000}$ ______
4. $6\frac{4}{1000}$ ______

Lee y escribe cada decimal como número mixto.

5. 9.051 ______
6. 5.06 ______
7. 1.843 ______
8. 4.003 ______

Lee cada número en palabras. Luego escribe un decimal por cada número en palabras.

9. veintidós milésimos ______________________
10. tres y diecisiete milésimos ______________________
11. quinientas siete milésimos ______________________
12. noventa y cincuenta y cuatro centésimos ______________________

Escribe cada decimal de forma desarrollada.

13. 15.36 ______________________
14. 403.054 ______________________
15. 7.109 ______________________
16. 2,076.09 ______________________

7-14 Recuerda

Nombre ______________________ Fecha ______________

Usa la operación o la combinación de operaciones correcta para resolver cada problema. Muestra tu trabajo.

1. Un recipiente para envíos tiene una carga de 77 metros cúbicos. Una empresa tiene un envío de cargamento que ocupa 640 metros cúbicos. ¿Cuántos contenedores se necesitarán? ¿Estarán todos los contenedores llenos?

____

____

2. Una máquina puede hacer 20 lápices por minuto. Otra máquina puede hacer 15 lápices por minuto. ¿Cuántos lápices pueden hacer las dos máquinas en una hora?

____

____

3. La señorita Díaz sale de casa a las 8:00 a. m. Conduce 45 minutos hasta su destino y luego pasa 4 horas allí. Pasa 1 hora almorzando y luego demora 45 minutos en conducir a casa. ¿Cuándo llega a su casa?

____

____

4. La cafetería hace 432 sándwiches para una excursión escolar a un museo. Cada estudiante recibe un sándwich en la bolsa del almuerzo. Los estudiantes se dividen en grupos de 48 para recorrer el museo. ¿Cuántos grupos hay?

____

____

5. **Amplía tu razonamiento** Un maquinista pule una ranura en una pieza de metal que tiene 0.37 pulgadas de ancho por 0.25 pulgadas de profundidad. Escribe el tamaño de la ranura usando números en palabras.

____

____

7-15
Haz la tarea

Nombre ______________________ Fecha ______________

Usa la recta numérica para comparar y ordenar números decimales.

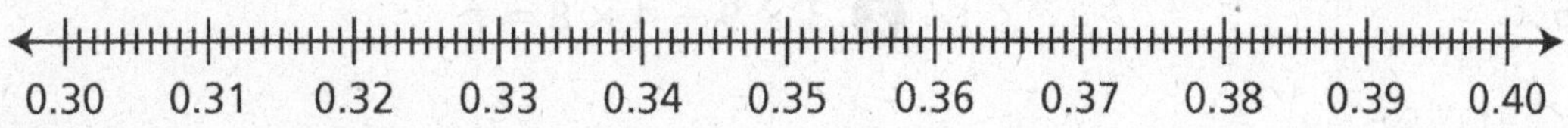

1. Rotula puntos sobre la recta numérica de arriba para mostrar 0.341, 0.315 y 0.309.

2. Escribe los números del ejercicio 1 de menor a mayor.

   ____

3. ¿Cómo usarías la recta numérica para comparar 0.517 y 0.724?

   ____

   ____

Ordena los decimales de menor a mayor.

4. 0.11, 0.27, 0.15 ______________

5. 0.77, 0.92, 0.53 ______________

6. 0.92, 0.61, 0.79 ______________

7. 0.73, 0.16, 0.05 ______________

8. 0.531, 0.342, 0.864 ______________

9. 0.347, 0.092, 0.518 ______________

10. 0.356, 0.099, 0.289 ______________

11. 0.566, 0.262, 0.644 ______________

Escribe $<$ o $>$ para comparar los números.

12. 0.549 ◯ 0.54

13. 1.95 ◯ 0.95

14. 0.309 ◯ 0.53

15. 6.9 ◯ 6.92

16. 0.07 ◯ 0.007

17. 3.05 ◯ 3.5

Nombre ____________________ Fecha ____________

Resuelve cada problema.

1. $6 \times 4 + 7 = b$

2. $3 \times 9 + 4 \times 8 = f$

3. $9(7 \times 5) = h$

4. $(3 \cdot 16) \div 12 = j$

5. $(9 \times 4) - (3 \times 2) = m$

6. $(7 \times 9) \div (3 \times 7) = p$

7. Un grupo de estudiantes va a comer un bocadillo después de la escuela. Piden 12 salchichas por $4 cada una y 6 porciones de pizza por $3 cada una. ¿Cuál es la cuenta total por la comida?

8. Una tienda tiene 10 cajones de pimientos verdes con 24 pimientos en cada cajón. Tienen 12 cajones de pimientos rojos con 18 pimientos en cada cajón. ¿La tienda tiene más pimientos verdes, o pimientos rojos?

9. Una florista llena floreros con 12 flores en cada florero. Coloca 9 narcisos en el primer florero y llena el resto del florero con begonias. En el segundo florero, coloca el doble de begonias. ¿Cuántas begonias hay en el segundo florero?

10. **Amplía tu razonamiento** Cuando un científico escribe ceros al *final* de un decimal, significa que midió hasta ese valor posicional. ¿Cómo escribiría tres décimos de un centímetro si solo midiera hasta el milésimo de un centímetro? ¿Cómo escribiría treinta y cinco centésimos de un centímetro hasta el milésimo?

7-16
Haz la tarea

Nombre ______________________ Fecha ______

La recta numérica muestra un décimo dividido en diez centésimos.

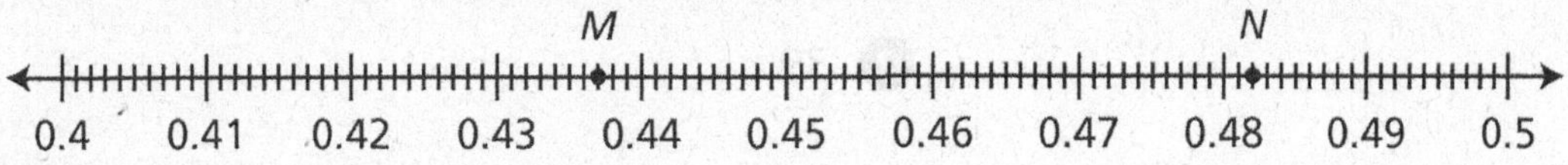

1. ¿Qué número decimal está marcado con el punto *M*?

2. ¿A qué décimo es más cercano el punto *M:* 0.4 o 0.5?

3. ¿Qué número decimal está marcado con el punto *N*?

4. ¿A qué décimo es más cercano el punto *N:* 0.4 o 0.5?

Redondea al décimo más cercano.

5. 2.092
6. 6.986
7. 9.728
8. 6.837
9. 7.552
10. 2.848
11. 1.907
12. 6.581
13. 0.354
14. 2.524
15. 0.479
16. 0.809

7-16
Recuerda

Nombre ______________________ Fecha ______________

Haz una lista con todos los pares de factores para cada número.

1 37 ______________________

2 39 ______________________

3 24 ______________________ ______________________

4 51 ______________________

Escribe si cada número es *primo* o *compuesto*.

5 71 ____________

6 74 ____________

7 97 ____________

8 83 ____________

9 92 ____________

10 85 ____________

Indica si 9 es factor de cada número. Escribe *sí* o *no*.

11 126 ________

12 132 ________

13 171 ________

14 186 ________

Indica si cada número es múltiplo de 4. Escribe *sí* o *no*.

15 92 ________

16 98 ________

17 118 ________

18 128 ________

19 **Amplía tu razonamiento** En una recta numérica, 0.05 es más cercano a 0 o a 0.1? Redondea 0.05 al decimal más cercano.

____

8-1
Haz la tarea

Nombre ______________________ Fecha ______________

Dibuja cada figura geométrica.

1 un punto

2 una semirrecta

3 un ángulo

4 Nombra el ángulo que se muestra. ______________________

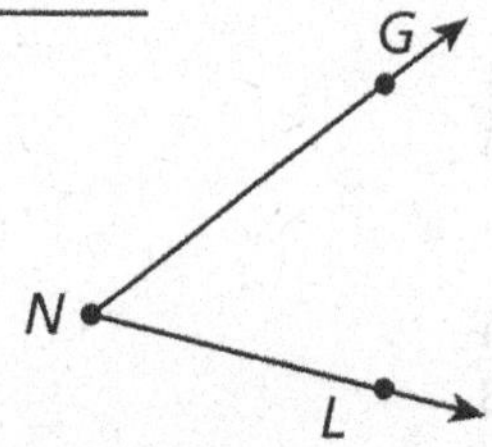

Mira los siguientes ángulos.

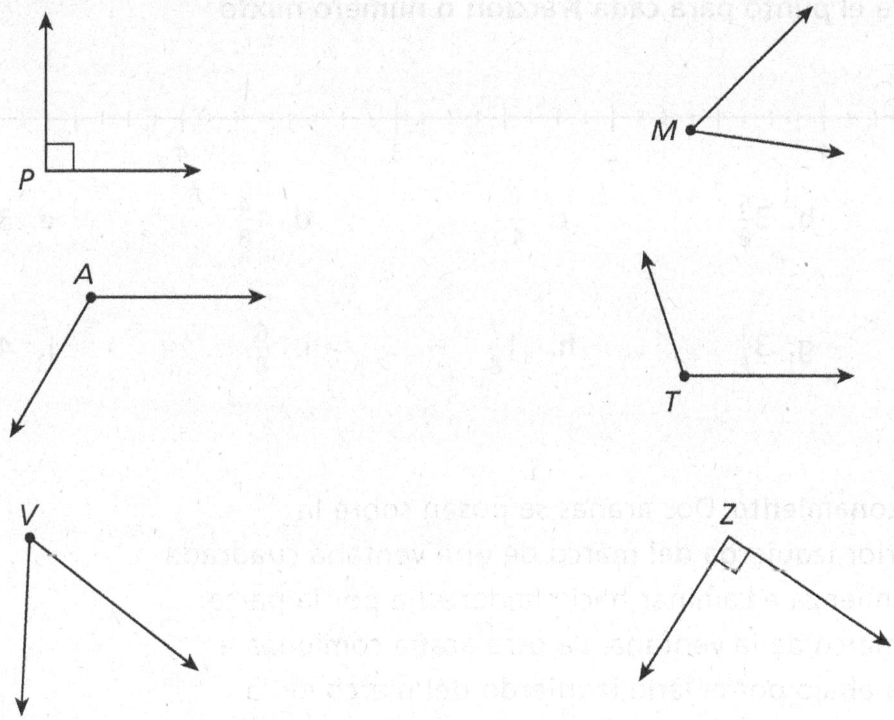

5 ¿Qué ángulos son ángulos rectos? ______________________

6 ¿Qué ángulos son ángulos agudos? ______________________

7 ¿Qué ángulos son ángulos obtusos? ______________________

8-1
Recuerda

Nombre ______________________ Fecha ______________

Suma o resta.

❶ $5\frac{4}{5} + 3\frac{1}{5}$

❷ $12\frac{5}{8} - 4\frac{3}{8}$

❸ $3\frac{5}{7} + 9\frac{3}{7}$

❹ $6\frac{2}{9} - 2\frac{5}{9}$

Escribe $<$ o $>$ para que cada enunciado sea verdadero.

❺ $\frac{3}{4} \bigcirc \frac{1}{4}$

❻ $\frac{5}{6} \bigcirc \frac{5}{4}$

❼ $\frac{7}{10} \bigcirc \frac{7}{12}$

❽ $\frac{6}{8} \bigcirc \frac{4}{8}$

❾ $\frac{4}{8} \bigcirc \frac{4}{12}$

❿ $\frac{17}{25} \bigcirc \frac{21}{25}$

⓫ **Marca y rotula el punto para cada fracción o número mixto con su letra.**

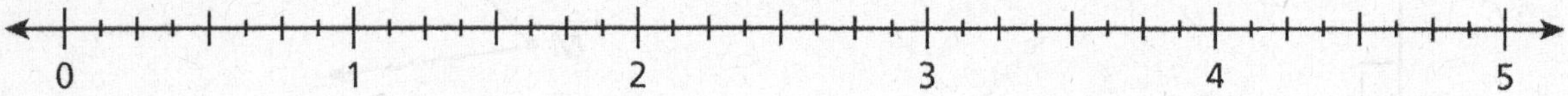

a. $2\frac{1}{2}$ b. $3\frac{5}{8}$ c. $\frac{1}{4}$ d. $1\frac{4}{8}$ e. $3\frac{1}{8}$

f. $2\frac{3}{4}$ g. $3\frac{1}{2}$ h. $1\frac{7}{8}$ i. $\frac{6}{8}$ j. $4\frac{3}{8}$

⓬ **Amplía tu razonamiento** Dos arañas se posan sobre la esquina superior izquierda del marco de una ventana cuadrada. Una araña comienza a caminar hacia la derecha por la parte superior del marco de la ventana. La otra araña comienza a caminar hacia abajo por el lado izquierdo del marco de la ventana. Nombra cada uno de los siguientes con términos geométricos.

a.) el lugar donde empezaron las arañas ____________

b.) el trayecto que camina cada araña ____________

c.) el tipo de ángulo formado por sus trayectos ____________

8-2
Haz la tarea

Nombre ______________________ Fecha ______________

Usa un transportador para hallar la medida de cada ángulo.

1 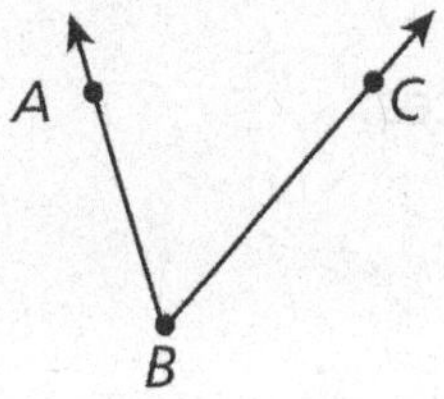

____

2 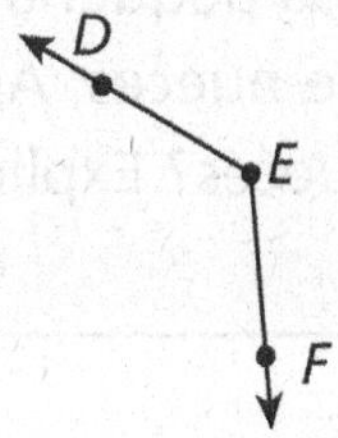

____

3 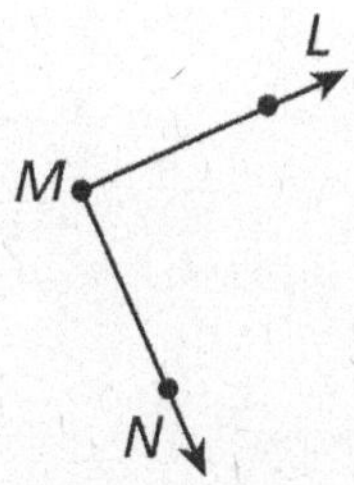

____

4 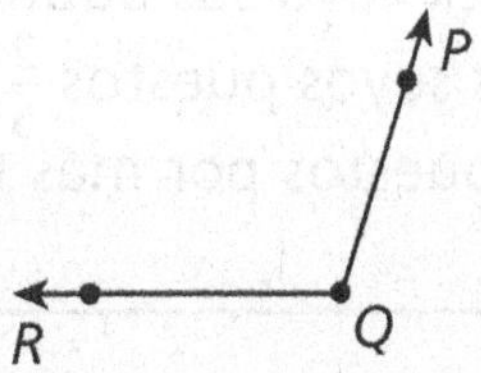

____

Dibuja cada ángulo.

5 un ángulo que mida 75°

6 un ángulo que mida 150°

7 En un transportador hay dos escalas. Lee una escala para hallar 44°. ¿Cuál es la medida en la otra escala?

____

8 ¿Cuál será más grande, la medida de un ángulo recto o la medida de un ángulo obtuso?

____

8-2
Recuerda

Nombre ______________________ Fecha __________

Resuelve.

Muestra tu trabajo.

1. Presley pidió una bolsa pequeña de nueces y Ellen pidió una bolsa mediana de nueces. Ambos comieron $\frac{3}{4}$ de sus nueces. ¿Quién comió más nueces? Explica.

____

____

2. Tanto a Jack como a Scott les toma 12 minutos caminar a la escuela. Jack tuvo sus audífonos puestos $\frac{2}{3}$ del camino y Scott tuvo los suyos puestos $\frac{2}{5}$ del camino. ¿Quién tuvo sus audífonos puestos por más tiempo? Explica.

____

____

____

Dibuja cada figura geométrica.

3. un segmento de recta
4. una recta
5. un ángulo

6. Nombra el ángulo que se muestra.

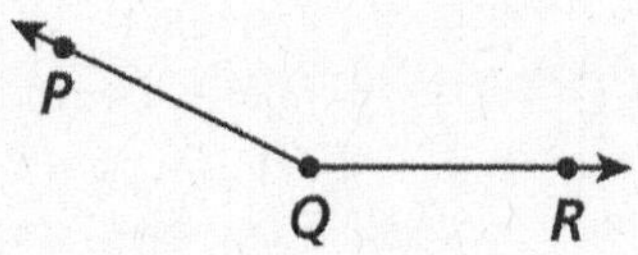

____

7. **Amplía tu razonamiento** Puedes pensar en las dos manecillas de un reloj como semirrectas de un ángulo. ¿Qué tipo de ángulo ves entre las manecillas del reloj cuando el reloj muestra las siguientes horas? Si es necesario, haz un bosquejo.

a.) 3:05 ________________

b.) 6:00 ________________

c.) 9:10 ________________

Nombre ______________________ Fecha ______________

Usa una regla y un transportador para dibujar y sombrear un ángulo de cada tipo. Mide y rotula cada ángulo.

1. ángulo agudo menor que 40°

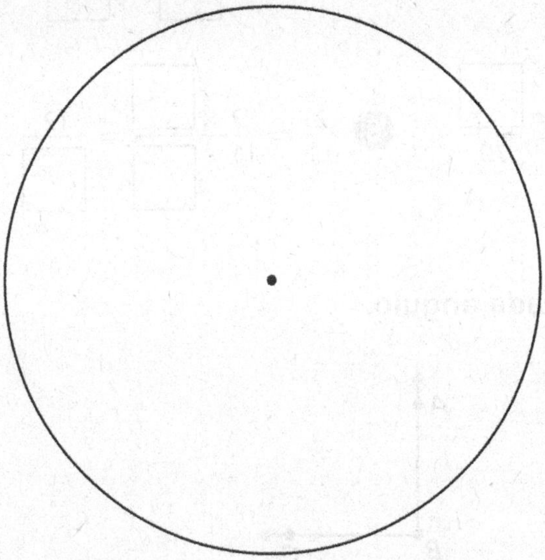

2. ángulo agudo mayor que 40°

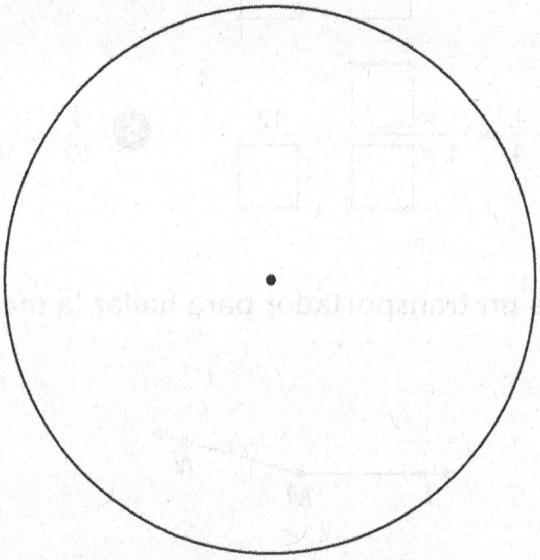

3. ángulo obtuso menor que 160°

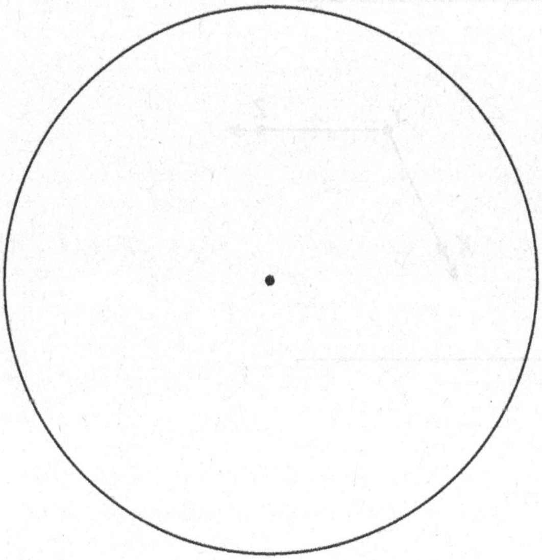

4. cuatro ángulos que suman 360°

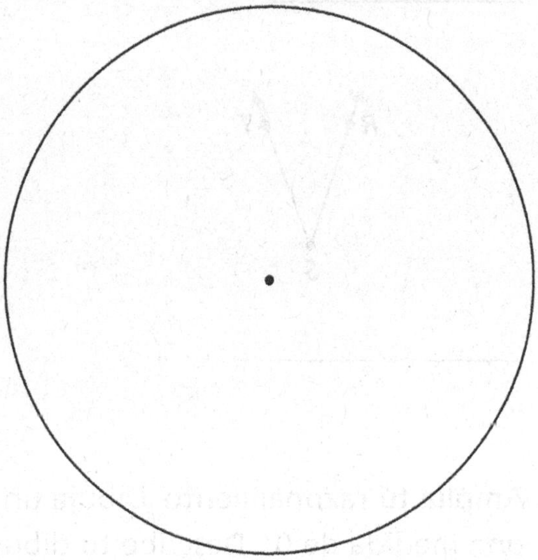

5. Escribe la suma de las medidas de tus ángulos del ejercicio 4 para mostrar que el total equivale a 360°.

____

Nombre ______________________ Fecha ____________

Completa.

1. $\frac{4}{7} = \frac{4 \times \square}{7 \times \square} = \frac{12}{\square}$

2. $\frac{5}{8} = \frac{5 \times \square}{8 \times \square} = \frac{\square}{40}$

3. $\frac{8}{9} = \frac{8 \times \square}{9 \times \square} = \frac{32}{\square}$

4. $\frac{1}{4} = \frac{1 \times \square}{4 \times \square} = \frac{12}{\square}$

5. $\frac{3}{10} = \frac{3 \times \square}{10 \times \square} = \frac{\square}{70}$

6. $\frac{2}{11} = \frac{2 \times \square}{11 \times \square} = \frac{12}{\square}$

Usa un transportador para hallar la medida de cada ángulo.

7. 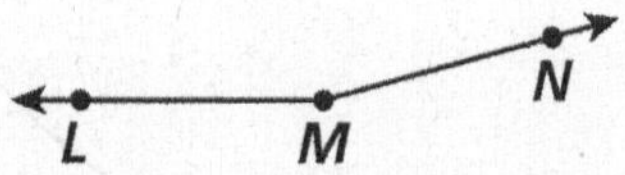

____

8. 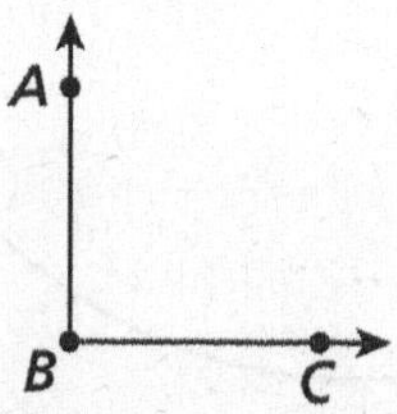

____

9. 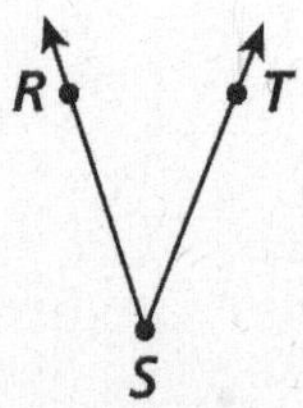

____

10. 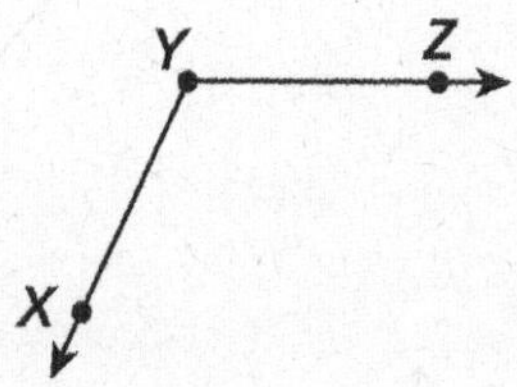

____

11. **Amplía tu razonamiento** Dibuja un ángulo con una medida de 0°. Describe tu dibujo.

____

____

____

8-4
Haz la tarea

Nombre ____________________ Fecha __________

Nombra cada triángulo según sus ángulos y luego según sus lados.

1. 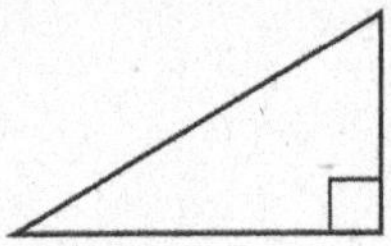

2. 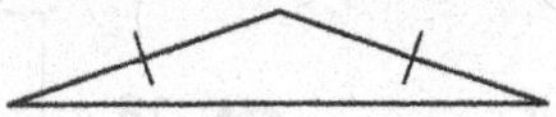

3. 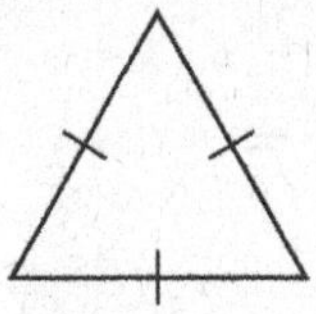

4. 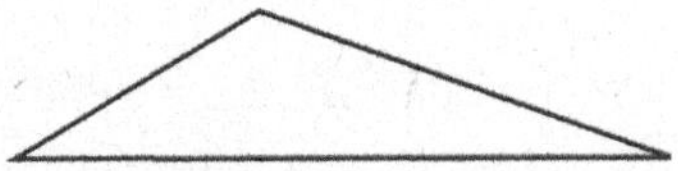

5. 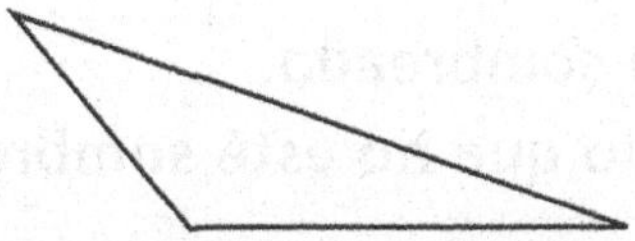

6. 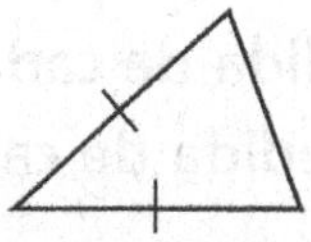

7. 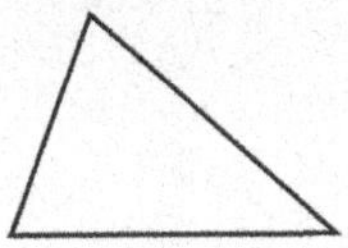

8. 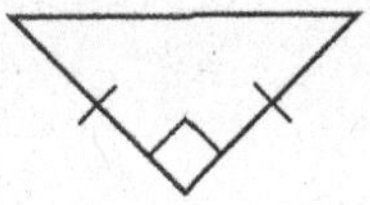

9. 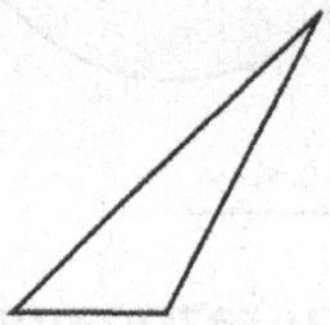

10. Describe en qué se diferencian los triángulos acutángulos, obtusángulos y rectángulos.

11. Describe en qué se diferencian los triángulos escalenos, isósceles y equiláteros.

8-4 Recuerda

Nombre ______________________ Fecha ______________

Simplifica cada fracción.

1. $\frac{9 \div \square}{12 \div \square} =$

2. $\frac{18 \div \square}{30 \div \square} =$

3. $\frac{25 \div \square}{75 \div \square} =$

4. $\frac{32 \div \square}{72 \div \square} =$

Se da la medida de cada ángulo sombreado.
Escribe la medida de cada ángulo que no esté sombreado.

5. 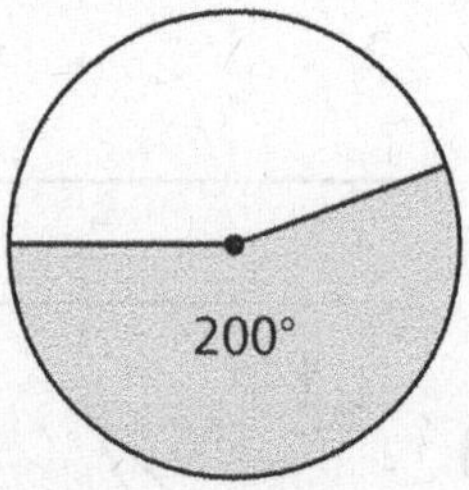

____

6. 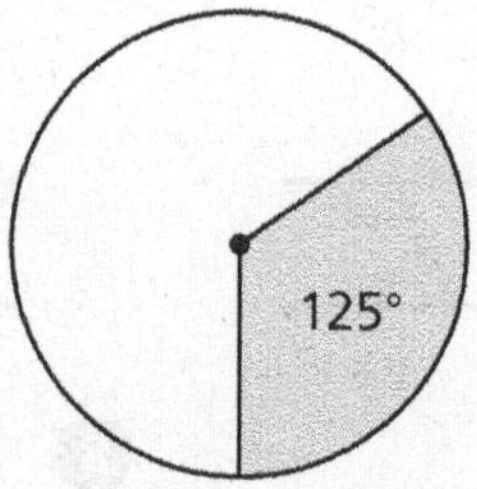

____

7. **Amplía tu razonamiento** Aileen intenta clasificar correctamente un triángulo según sus ángulos. Su única información es que el triángulo tiene por lo menos un ángulo agudo. Aileen dice que este debe ser un triángulo acutángulo. ¿Está en lo cierto? Explica.

8-5
Haz la tarea

Nombre ______________________ Fecha ______________

Usa un transportador para dibujar los dos ángulos que se describen uno al lado del otro. ¿Cuál es la medida del mayor ángulo que forman cuando se combinan?

1. Las medidas de los dos ángulos son 20° y 55°.

____

2. Las medidas de los dos ángulos son 65° y 95°.

____

Escribe y resuelve una ecuación para hallar la medida del ángulo desconocido.

3. 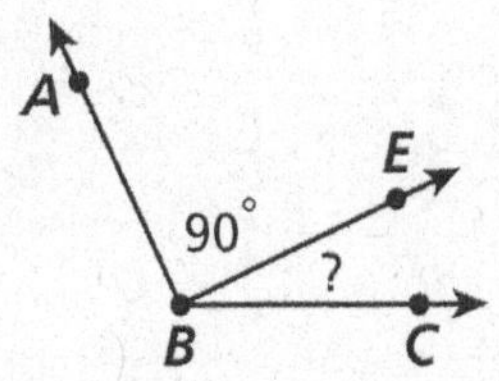

La medida de ∠*ABC* es 115°.

¿Cuál es la medida de ∠*EBC*?

____

____

4. 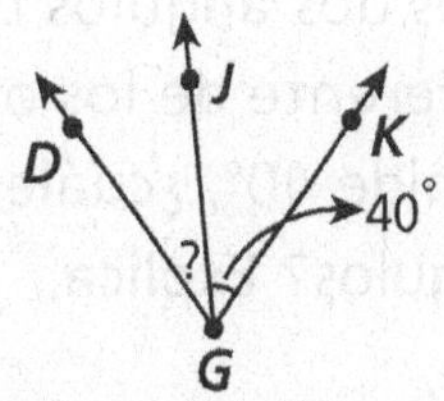

La medida de ∠*DGK* es 70°.

¿Cuál es la medida de ∠*DGJ*?

____

____

5. Cuando dos ángulos de 45° se combinan, ¿qué tipo de ángulo forman?

____

Nombre ______________________ Fecha ______

Usa un denominador común para comparar las fracciones. Escribe >, < o = para que el enunciado sea verdadero.

1. $\frac{5}{8}$ ◯ $\frac{1}{2}$
2. $\frac{4}{6}$ ◯ $\frac{6}{9}$
3. $\frac{7}{12}$ ◯ $\frac{2}{3}$
4. $\frac{3}{10}$ ◯ $\frac{2}{7}$
5. $\frac{3}{4}$ ◯ $\frac{5}{6}$
6. $\frac{7}{12}$ ◯ $\frac{19}{24}$

Nombra cada triángulo según sus ángulos y luego según sus lados.

7. 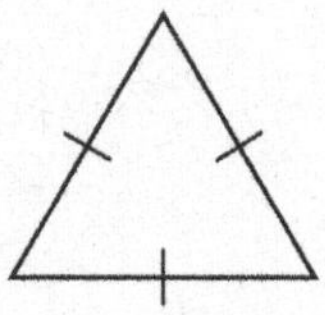

____

____

8. 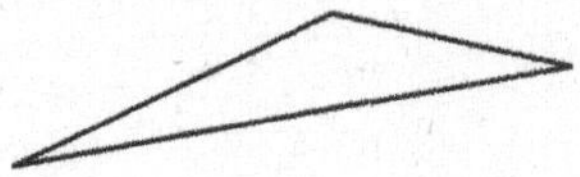

____

____

9. 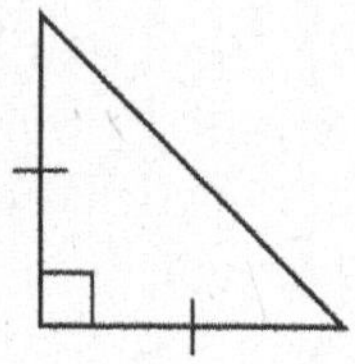

____

____

10. **Amplía tu razonamiento** Cuatro ángulos se combinan y forman un ángulo llano. Dos de los ángulos tienen el mismo tamaño. Los otros dos ángulos tienen también el mismo tamaño, pero diferente de los otros dos. Si uno de los cuatro ángulos mide 40°, ¿cuáles son las medidas de los otros tres ángulos? Explica.

Nombre ______________________ Fecha ______

Escribe una ecuación para resolver cada problema.

1. Imagina que andas en bicicleta por una calle recta que repentinamente comienza a ascender una colina. Quieres saber cuál es la medida del ángulo de la pendiente, pero no puedes medir dentro de la colina.

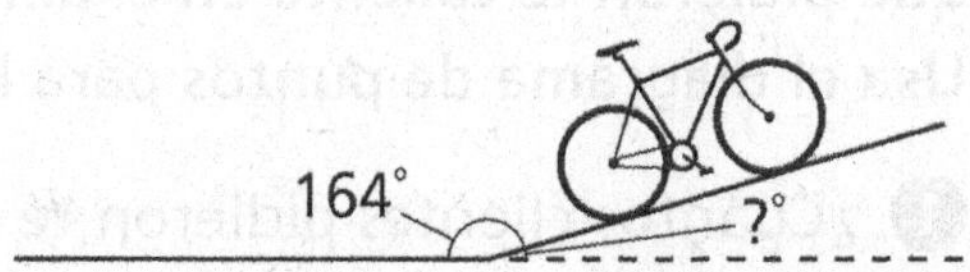

Sin embargo, si puedes medir el ángulo en la parte superior de la calle, puedes usar una ecuación para hallar la medida desconocida. ¿Cuál es el ángulo de la pendiente de la colina que se muestra?

____

2. En la cara del reloj que se muestra a la derecha dibuja las manecillas para mostrar las horas 3:00 y 5:00. Una manecilla de cada hora se superpondrá con una manecilla de la otra hora. ¿Cuál es la diferencia entre las medidas de los ángulos que forman las manecillas del reloj para las dos horas? (Pista: Hay 30° entre cada par de números en un reloj.)

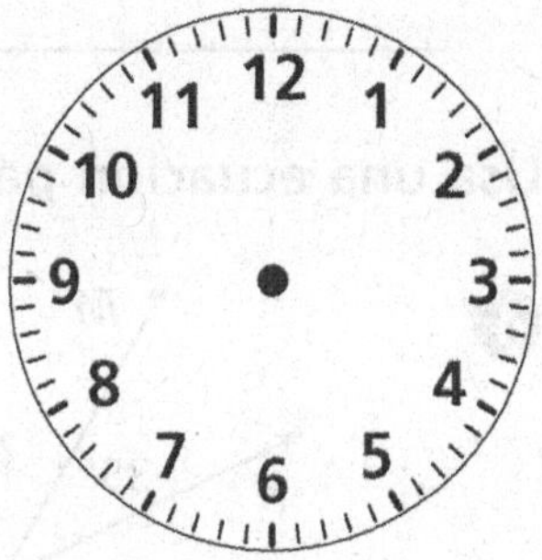

____

3. Las pantallas de las lámparas suelen tener una pendiente, con la parte superior más angosta que la inferior. Para la pantalla que se muestra, el ángulo entero que se muestra mide 122°. Halla la medida del ángulo desconocido para hallar cuánto está inclinada la pantalla desde arriba.

____

Nombre ______________________ Fecha ______________

El diagrama de puntos muestra la cantidad de crema que pusieron en su taza cada uno de los clientes que pidieron té caliente en el almuerzo en un restaurante. Usa el diagrama de puntos para los problemas 1 a 3.

1. ¿Cuántos clientes pidieron té caliente?

   ____

2. ¿Cuántos clientes usaron más de 1 cucharada de crema?

   ____

3. ¿Cuál es la diferencia entre la menor y la mayor cantidad de crema que usaron los clientes?

   ____

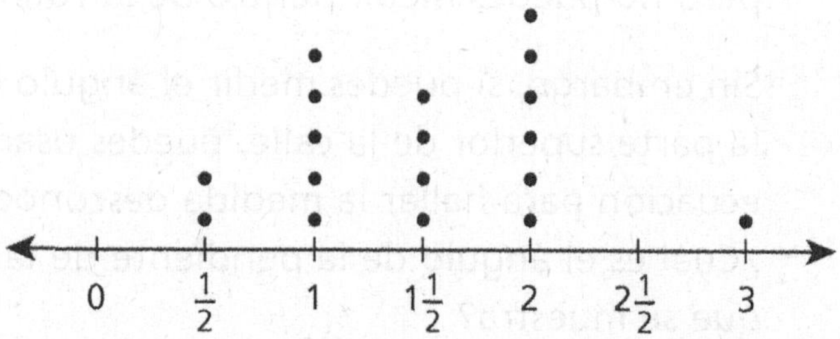

Crema en el té (en cucharadas)

Usa una ecuación para hallar la medida del ángulo desconocida.

4. 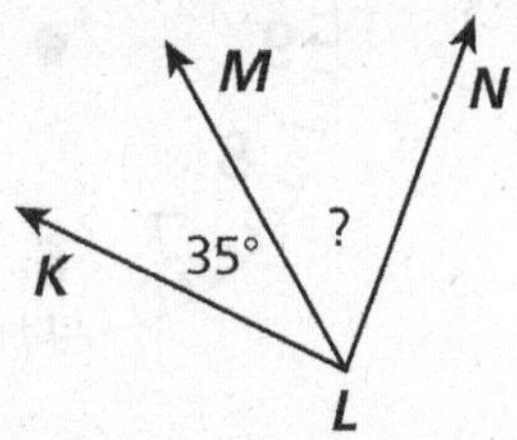

   La medida de $\angle KLN$ es 85°.

   ____

5. 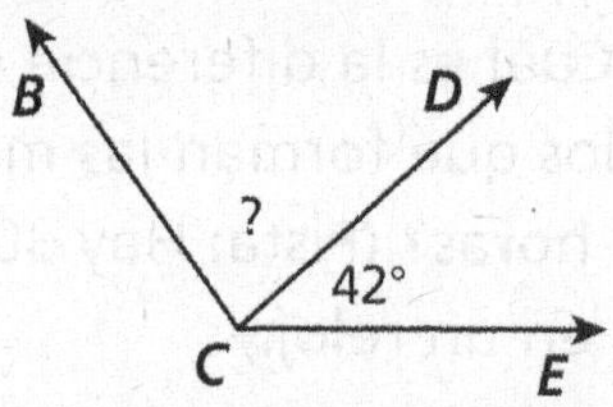

   La medida de $\angle BCE$ es 125°.

   ____

6. **Amplía tu razonamiento** Hannah dice que cuando las manecillas de un reloj muestran las 9:30, el ángulo es de 90°. Jennie dice que el ángulo es obtuso. ¿Quién está en lo cierto? Explica. Haz un dibujo para mostrar quién está en lo cierto.

   ____

   ____

   ____

   ____

   ____

8-7
Haz la tarea

Nombre ______________________ Fecha ______________

¿Cuáles de los siguientes segmentos de recta se ven paralelos? ¿Cuáles se ven perpendiculares? ¿Cuáles no se ven ni paralelos ni perpendiculares? Explica tu razonamiento.

1 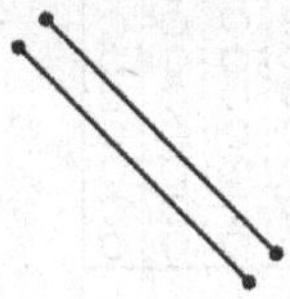

Paralelo: ______________ Perpendicular: ______________

____

2 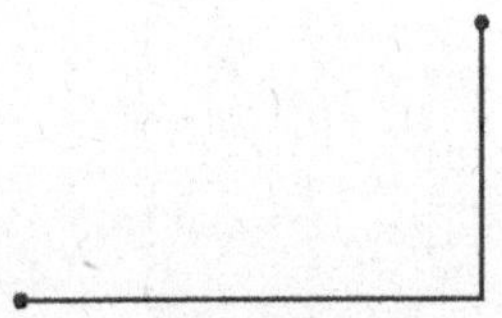

Paralelo: ______________ Perpendicular: ______________

____

3 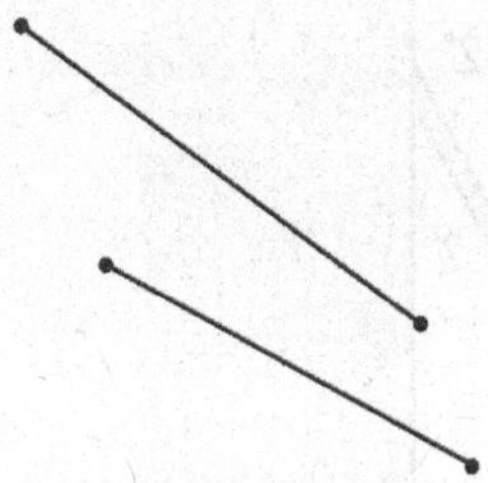

Paralelo: ______________ Perpendicular: ______________

____

____

Indica si cada par de rectas es *paralelo, perpendicular* o *ninguno.*

4 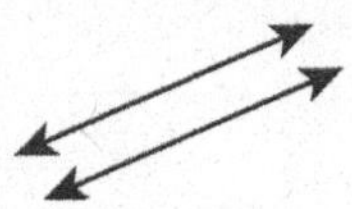

____

5 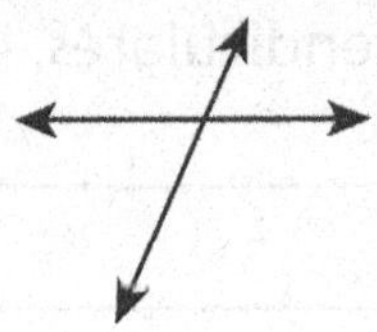

____

6 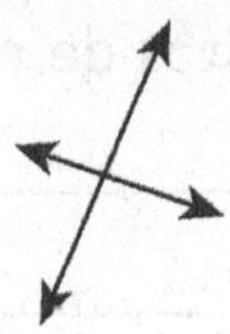

____

7 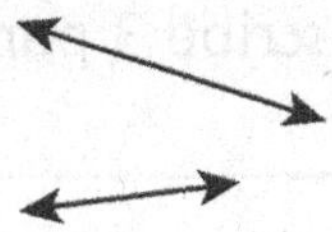

____

8 Primero dibuja un segmento de recta de 5 centímetros de largo. Luego dibuja un segmento de recta de 7 centímetros de largo paralelo a tu primer segmento de recta.

Nombre ______________________ Fecha ______________

Usa el elemento visual para llenar cada espacio en blanco.

1 La parte sombreada del entero representa:

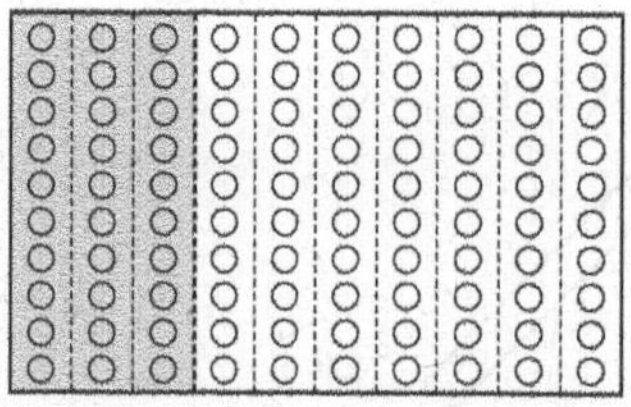

$\frac{30}{100}$ representa ______ de ______ partes iguales

y el decimal ______.

$\frac{3}{10}$ representa ______ de ______ partes iguales

y el decimal ______.

Escribe la ecuación para resolver cada problema.

2 Una escalera se inclina sobre una pared como se muestra en el diagrama. ¿Qué medida de ángulo forma la escalera con la pared?

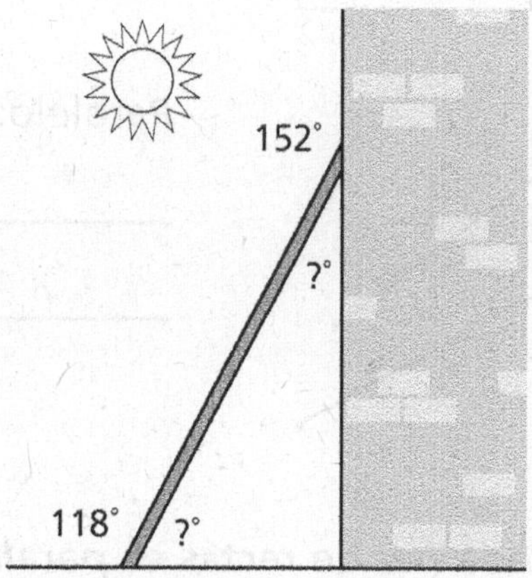

____

3 ¿Qué medida de ángulo forma la escalera con el piso?

____

4 **Amplía tu razonamiento** Mira a tu alrededor. Describe 3 pares de segmentos de recta paralelos que veas. Describe 3 pares de segmentos de recta perpendiculares.

____

____

____

____

____

____

____

____

8-8
Haz la tarea

Nombre ______________________ Fecha __________

VOCAB BOX
- cuadrilátero
- cuadrado
- trapecio
- rombo
- rectángulo
- paralelogramo

Usa el vocabulario del recuadro a la derecha para escribir el nombre del cuadrilátero que mejor describa cada figura. Usa cada palabra una vez. Describe en qué se diferencia de otros cuadriláteros.

1. 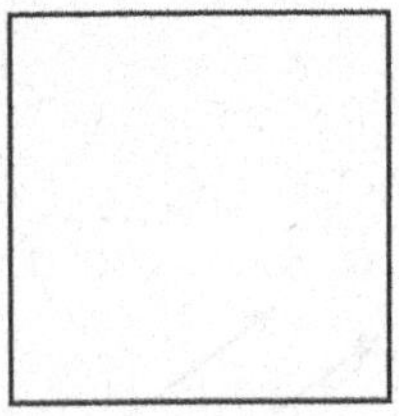

2. 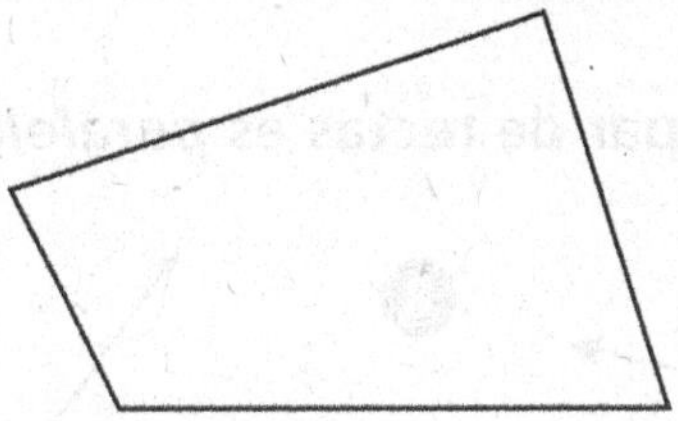

3. 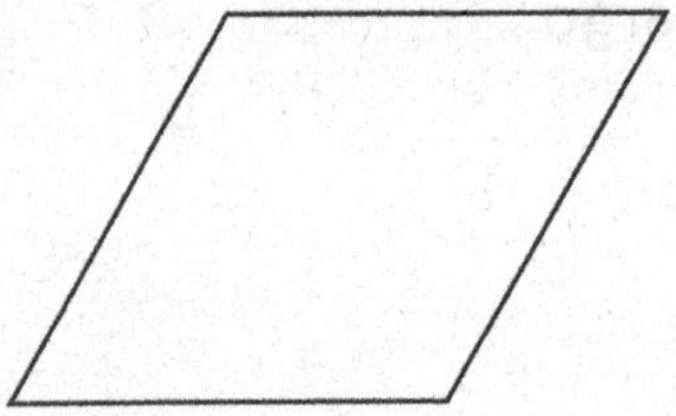

4. 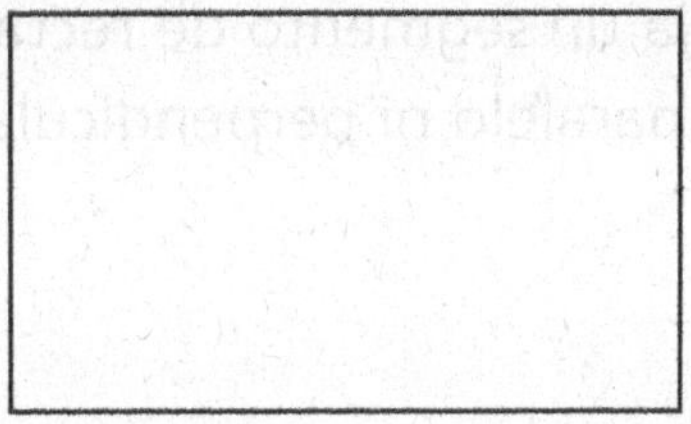

5. 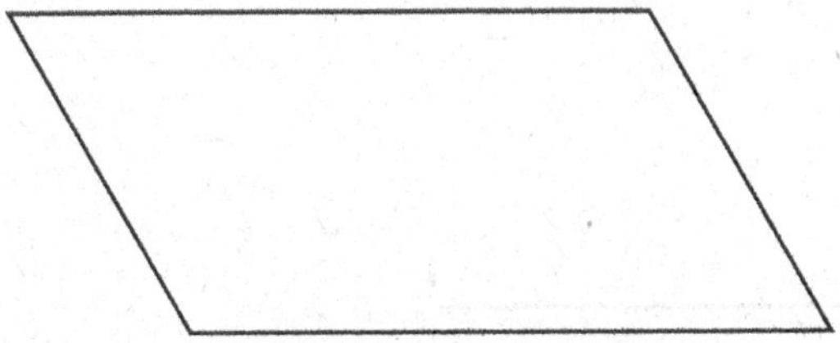

6. 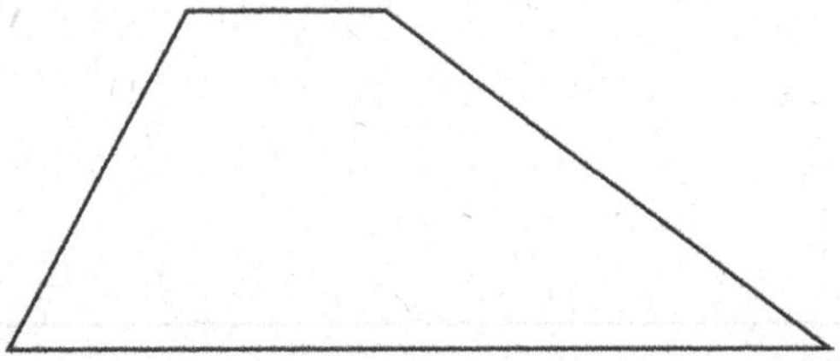

Nombre ______________________ Fecha ______________

Escribe estas cantidades como números decimales.

1. 3 décimos ______
2. 7 centésimos ______
3. 56 centésimos ______
4. $\frac{6}{100}$ ______
5. $\frac{42}{100}$ ______
6. $\frac{9}{10}$ ______

Indica si cada par de rectas es *paralelo, perpendicular* o *ninguno.*

7. 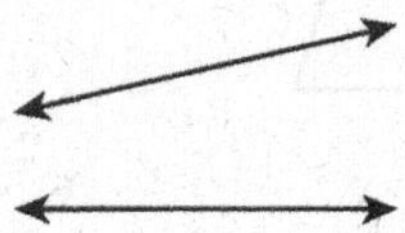

____

8. 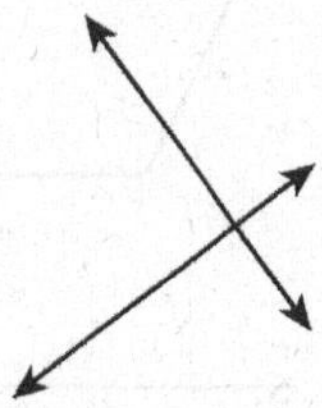

____

9. 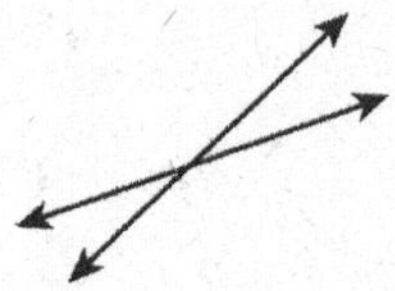

____

10. 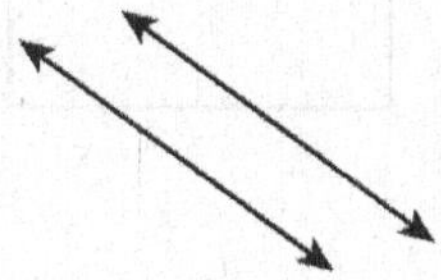

____

11. Primero dibuja un segmento de recta de 4 centímetros de largo. Luego dibuja un segmento de recta de 3 centímetros de largo que no sea paralelo ni perpendicular a la primera recta.

12. **Amplía tu razonamiento** Bianca tiene cierta figura en mente. Dice que tiene los siguientes nombres: cuadrilátero, paralelogramo y rectángulo. Haz un dibujo que pueda ser la figura de Bianca. Explica por qué tiene cada uno de estos nombres.

____

____

____

____

____

8-9
Haz la tarea

Nombre ________________ Fecha ________

❶ Dibuja un rectángulo y un paralelogramo. Dibuja una diagonal en cada figura. Nombra los tipos de triángulos que formaste.

❷ Dibuja cuatro figuras nuevamente, dibuja la otra diagonal y nombra los tipos de triángulos que formaste esta vez.

❸ Usa palabras de geometría para describir cómo las diagonales de cuadriláteros forman triángulos.

❹ Usa palabras de geometría para describir un modo de separar triángulos en otros triángulos.

Nombre ______________________ Fecha ______________

Escribe los números decimales que siguen.

1. 0.01 0.02 0.03 ____ ____ ____ ____
2. 0.3 0.4 0.5 ____ ____ ____ ____
3. 0.46 0.47 0.48 ____ ____ ____ ____

Usa el recuadro de vocabulario de la derecha para escribir el nombre del cuadrilátero que mejor describe cada figura. Usa cada palabra una vez. Describe en qué se diferencia de otros cuadriláteros.

VOCAB BOX
trapecio
rectángulo

4. 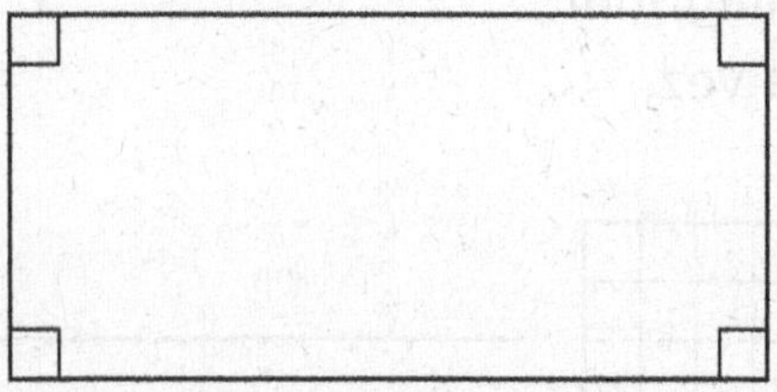

____
____
____

5. 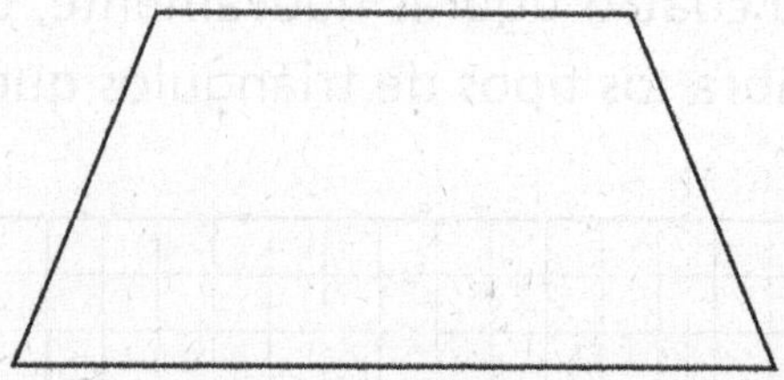

____
____
____

6. **Amplía tu razonamiento** Imagina que dibujas una diagonal en cada uno de los siguientes cuadriláteros: rectángulo, trapecio, paralelogramo. ¿En qué figuras se formarán triángulos con el mismo tamaño y forma? ¿Y en qué figuras se formarán triángulos con distinto tamaño y forma?

____
____
____
____
____
____

Nombre ______ Fecha ______

1 ¿Dé qué otros modos podrías clasificar estas tres figuras? ¿Qué figuras estarían en el grupo de cada regla de clasificación?

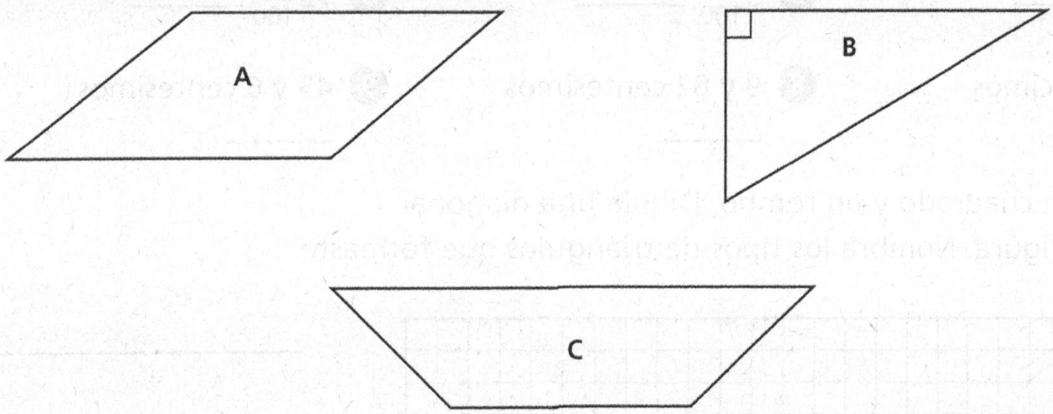

______

______

______

______

2 Dibuja una cuarta figura para agregar a las figuras del ejercicio 1. ¿Cumple con alguna de las reglas de clasificación que nombraste en el ejercicio 1?

______

8-10 Recuerda

Nombre ______________________ Fecha ______________

Escribe cada cantidad de forma decimal.

1. 8 décimos ______
2. 62 centésimos ______
3. 8 centésimos ______
4. $3\frac{4}{10}$ ______
5. $5\frac{37}{100}$ ______
6. $73\frac{1}{100}$ ______
7. 12 y 3 décimos ______
8. 9 y 82 centésimos ______
9. 45 y 6 centésimos ______
10. Dibuja un cuadrado y un rombo. Dibuja una diagonal en cada figura. Nombra los tipos de triángulos que formaste.

____

____

11. Dibuja tus figuras nuevamente, dibuja la otra diagonal y nombra los tipos de triángulos que formaste esta vez.

____

____

12. **Amplía tu razonamiento** Dibuja y nombra tres polígonos que tengan al menos un ángulo recto cada uno. Rotula cada ángulo recto en los polígonos.

____

____

____

8-11
Haz la tarea

Nombre ______________________ Fecha ______________

Indica si la línea punteada es un eje de simetría.

1 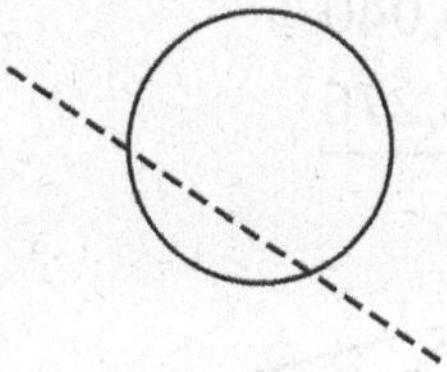

____

2 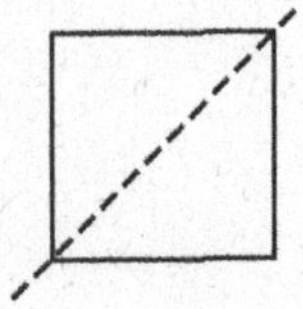

____

3 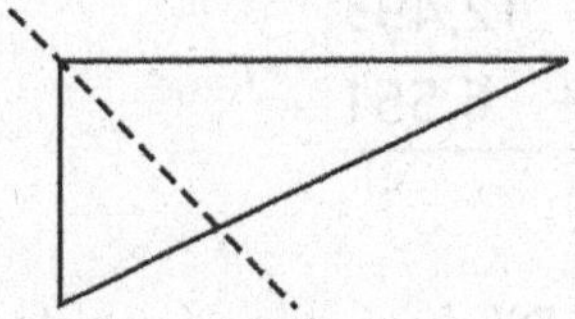

____

¿Cuántos ejes de simetría tiene cada figura?

4 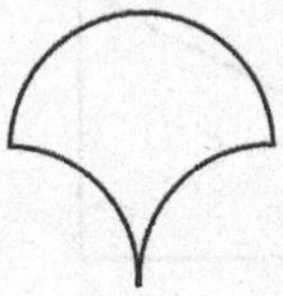

____

5 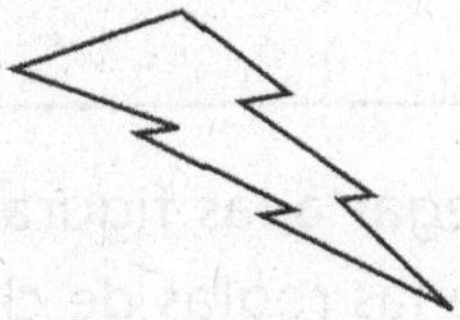

____

6 

____

7 Dibuja ejes de simetría para esta figura.

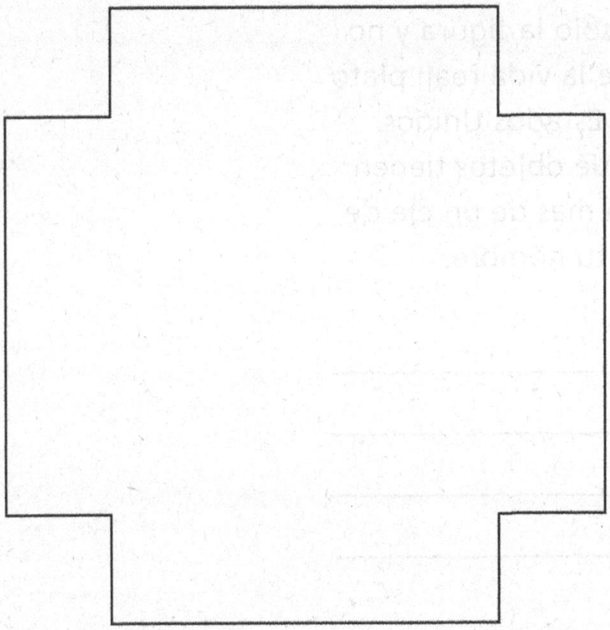

Nombre ______________________ Fecha ______________

Suma o resta.

❶ $\begin{array}{r} 12{,}493 \\ +\ \ 6{,}551 \\ \hline \end{array}$

❷ $\begin{array}{r} 536{,}784 \\ -\ \ 69{,}205 \\ \hline \end{array}$

❸ $\begin{array}{r} 900{,}040 \\ -\ 318{,}276 \\ \hline \end{array}$

❹ ¿Dé qué otros modos podrías clasificar estas tres figuras? ¿Qué figuras estarían en el grupo de cada regla de clasificación?

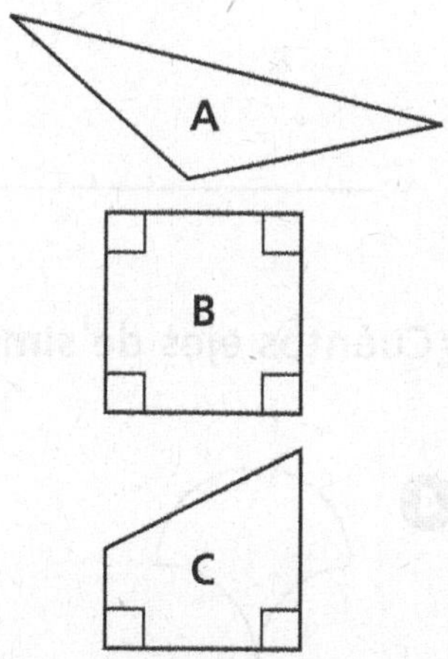

❺ Dibuja una cuarta figura para agregar a las figuras del ejercicio 4. ¿Cumple con alguna de las reglas de clasificación que nombraste en el ejercicio 4?

❻ **Amplía tu razonamiento** Considera solo la figura y no el diseño de los siguientes objetos de la vida real: plato cuadrado, señal de alto, bandera de Estados Unidos, letra P, letra M, raqueta de tenis. ¿Qué objetos tienen simetría de eje? ¿Qué objetos tienen más de un eje de simetría? Escribe la primera letra de tu nombre. ¿Tiene simetría de eje?

8-12
Haz la tarea

Nombre ______________________ Fecha ______________

Diseña una bandera. El diseño debe incluir un cuadrilátero con 2 ejes de simetría. La bandera también debe tener un triángulo con un ángulo de 45°.

1 ¿Qué tipo de cuadrilátero dibujaste? ¿Cómo te aseguraste de que el cuadrilátero tuviera 2 ejes de simetría?

____

____

2 ¿Qué tipo de triángulo dibujaste en el diseño de la bandera? ¿Qué instrumento usaste para asegurarte de que el ángulo que dibujaste midiera 45°?

____

____

8-12
Recuerda

Nombre ______________________ Fecha ______________

Coloca $<$ o $>$ para que el enunciado sea verdadero.

1. 7.24 ◯ 72.4
2. 8.07 ◯ 8.7
3. 5.32 ◯ 3.52
4. 20.8 ◯ 2.08
5. 12.3 ◯ 3.12
6. 2.9 ◯ 29
7. 23.15 ◯ 24.1
8. 90.2 ◯ 9.02

Indica si la línea punteada es un eje de simetría.

9. 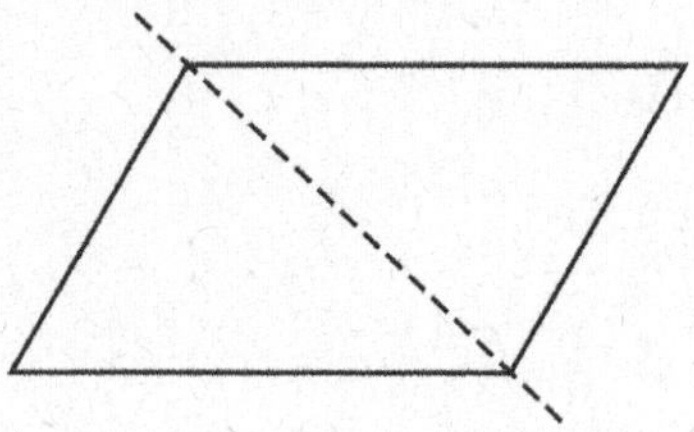
____

10. 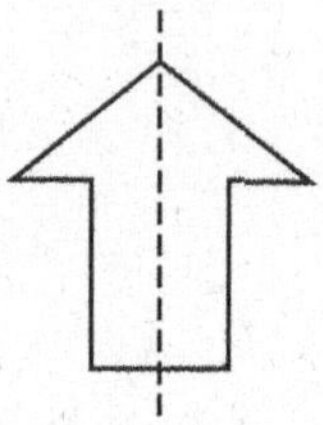
____

11. 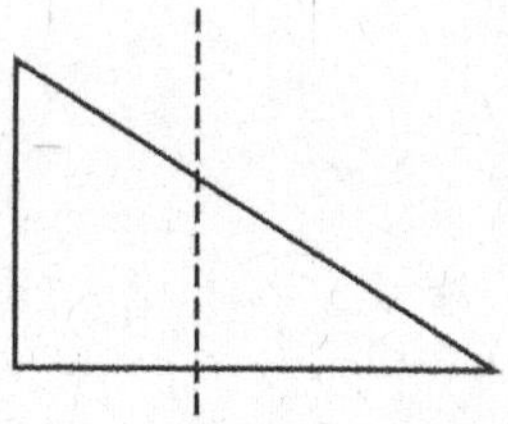
____

¿Cuántos ejes de simetría tiene cada figura?

12. 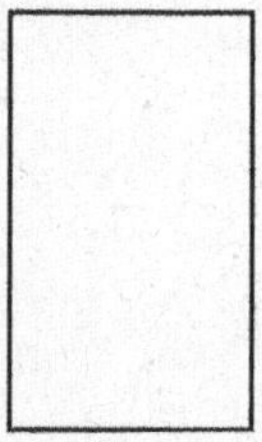
____

13. 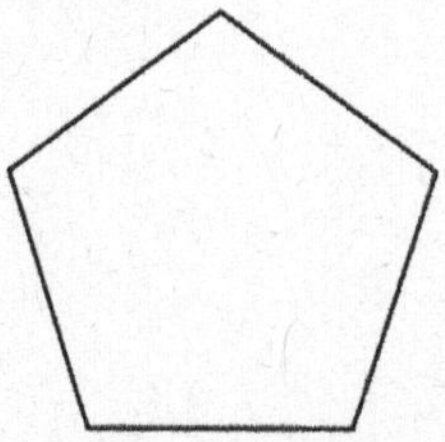
____

14. 
____

15. **Amplía tu razonamiento** Diseña un banderín para tu escuela con forma de triángulo acutángulo isósceles. Dentro del diseño, incluye un cuadrilátero con cuatro ángulos rectos y al menos un conjunto de rectas paralelas.

____

8-13
Haz la tarea

Nombre ______________________ Fecha ______________

1 Dibuja una traslación a lo largo de la recta.

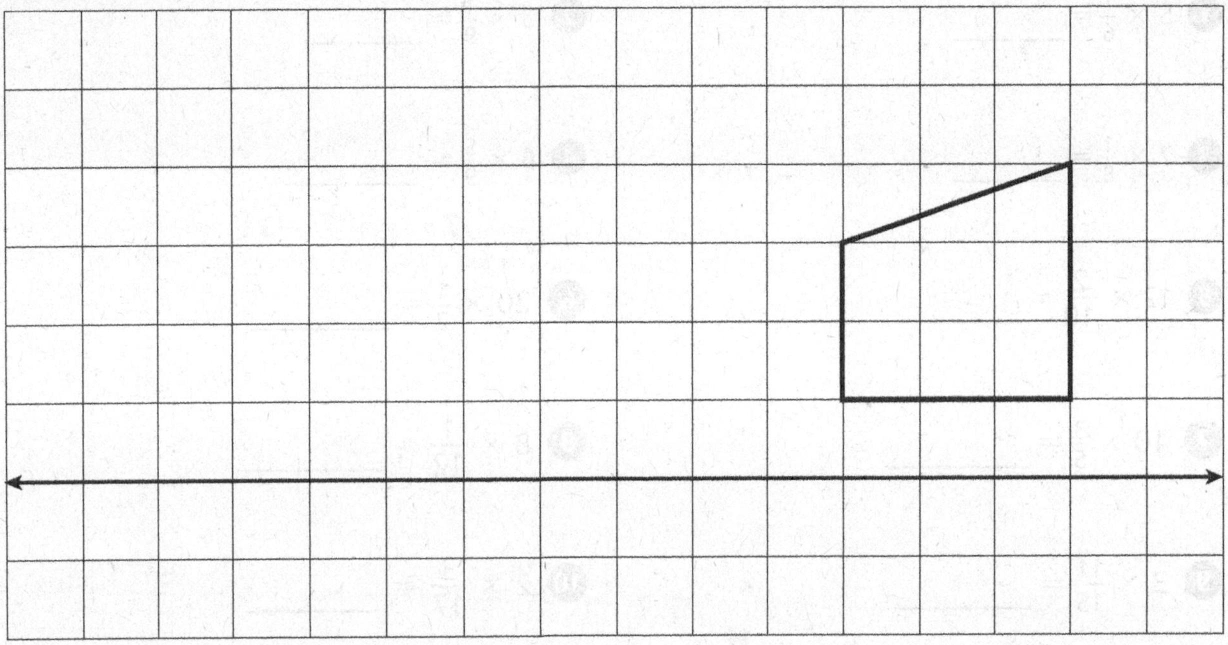

2 Dibuja una reflexión del otro lado de la recta.

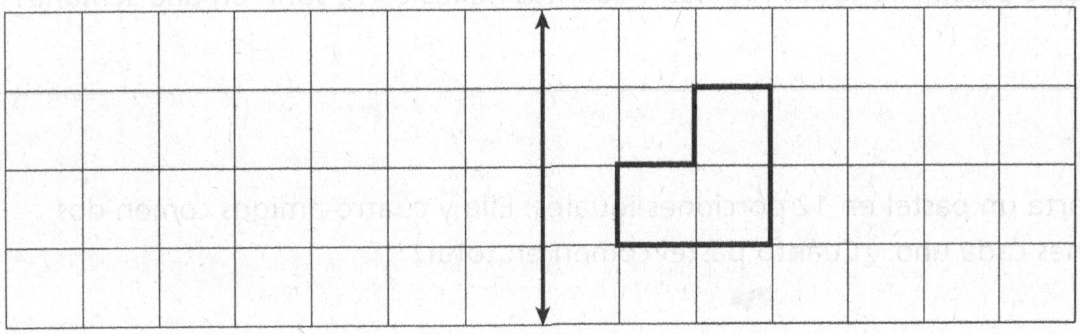

3 Dibuja una rotación de 90° en el contrario al de las agujas del reloj.

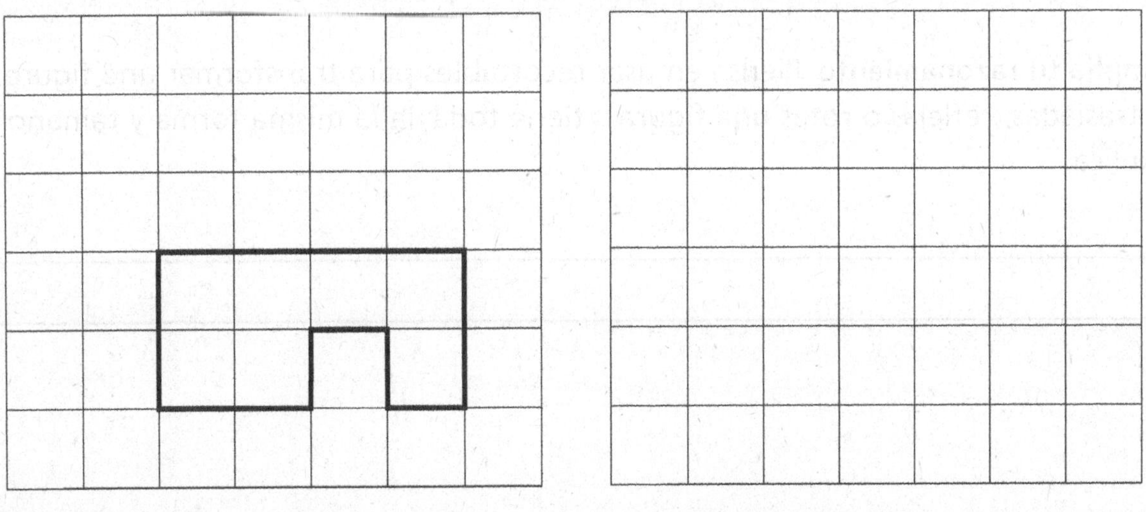

8-13 Recuerda

Nombre ______________________ Fecha ______________

Multiplica.

1. $5 \times \frac{1}{6} =$ ______
2. $3 \times \frac{1}{9} =$ ______
3. $7 \times \frac{1}{8} =$ ______
4. $6 \times \frac{5}{9} =$ ______
5. $12 \times \frac{2}{10} =$ ______
6. $20 \times \frac{1}{2} =$ ______
7. $10 \times \frac{3}{5} =$ ______
8. $8 \times \frac{1}{12} =$ ______
9. $3 \times \frac{11}{15} =$ ______
10. $2 \times \frac{3}{17} =$ ______

11. John corre $\frac{3}{5}$ de milla todos los días. ¿Cuántas millas corre John en una semana?

____

12. Jean corta un pastel en 12 porciones iguales. Ella y cuatro amigos comen dos porciones cada uno. ¿Cuánto pastel comen en total?

____

13. **Amplía tu razonamiento** Piensa en usar recortables para transformar una figura. Si trasladas, reflejas o rotas una figura, ¿tiene todavía la misma forma y tamaño? Explica.

____

____

8-14
Haz la tarea

Nombre ______________________________ Fecha ____________

En cada fila, encierra en un círculo todas las figuras que parecen congruentes.

1. 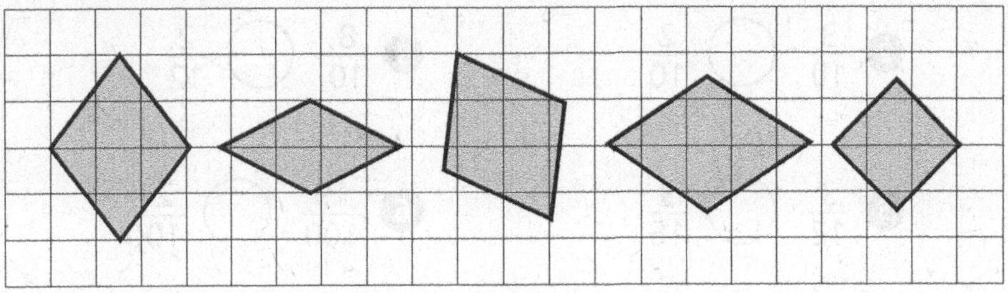

2. 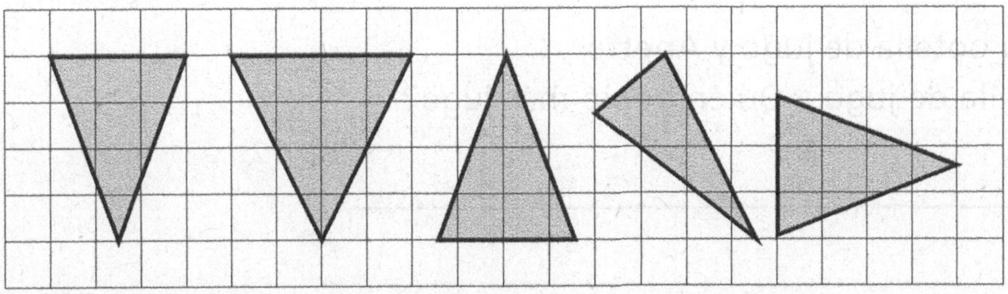

Explica por qué cada par de figuras no es congruente.

3. 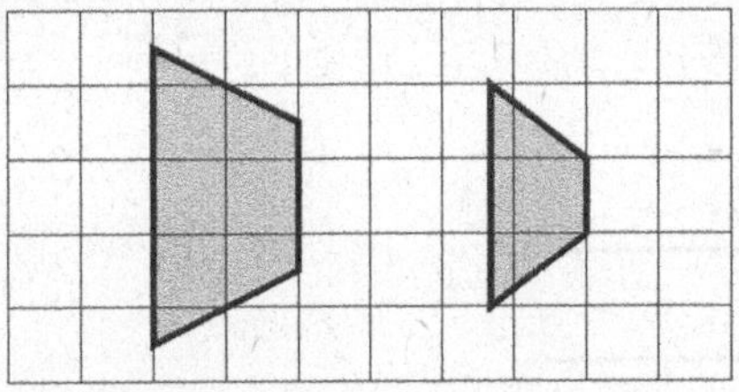

____

4. 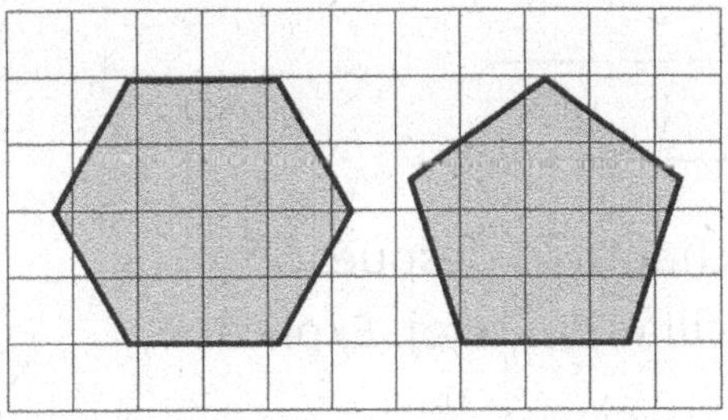

____

8-14
Recuerda

Nombre ______________________ Fecha ______________

Escribe > o < para que cada enunciado sea verdadero.

1. $\frac{2}{5} \bigcirc \frac{2}{4}$
2. $\frac{3}{10} \bigcirc \frac{2}{10}$
3. $\frac{8}{10} \bigcirc \frac{2}{12}$
4. $\frac{3}{10} \bigcirc \frac{4}{10}$
5. $\frac{3}{12} \bigcirc \frac{3}{16}$
6. $\frac{19}{100} \bigcirc \frac{21}{100}$

Resuelve. Explica tus respuestas.

7. Maria bebió $\frac{7}{8}$ de su botella de jugo y Anette bebió $\frac{7}{10}$ de su botella de jugo. ¿Quién bebió más jugo?

____

____

8. Sharon hizo su tarea en $\frac{9}{12}$ de una hora y Jeremy hizo su tarea en $\frac{7}{12}$ de una hora. ¿A quién le tomó menos tiempo hacer su tarea?

____

____

9. James comió $\frac{3}{7}$ de las papas fritas y Michael comió $\frac{4}{7}$ de las papas fritas. ¿Quién comió más papas fritas?

____

____

10. **Amplía tu razonamiento** Describe cómo se ve un cuadrado después de rotarlo 90° en sentido contrario al de las manecillas del reloj. Explica.

____

____

____

____